Heilige Zeit: Der Gottesdienst in Geschichte und Gegenwart

von

Stephan Da Re

Tectum Verlag
Marburg 2004

Da Re, Stephan:
Heilige Zeit: Der Gottesdienst in Geschichte und Gegenwart
/ von Stephan Da Re
- Marburg : Tectum Verlag, 2004
ISBN 978-3-8288-8683-4

© Tectum Verlag

Tectum Verlag
Marburg 2004

Eines bitte ich vom HERRN**, das hätte ich gerne:
daß ich im Hause des H**ERRN** bleiben könne mein Leben lang,
zu schauen die schönen Gottesdienste des H**ERRN**
und seinen Tempel zu betrachten.**

(Psalm 27,4 nach der Übersetzung Martin Luthers)

Inhaltsverzeichnis

I. Vorwort 7
   1. Versuch einer Definition 7
   2. Zum Begriff „Liturgik" 7
   3. Konsequenzen aus dem bisher Gesagten 8

II. Grundlegendes 9
   1. Was ist Gottesdienst? 9
   2. Gottesdienst als Geschehenszusammenhang 16

III. Stationen der Geschichte des christlichen Gottesdienstes 17
   1. Der Gottesdienst Israels als Mutter des christlichen Gottesdienstes ... 17
      1.1 Tempel und Synagoge 18
         1.1.1 Tempel 18
         1.1.2 Synagoge 19
      1.2 Perspektiven des Tempelgottesdienstes 20
      1.3 Elemente des jüdischen Gottesdienstes, die im späteren
         christlichen Gottesdienst zu finden sind 22
   2. Der Gottesdienst als Heiligung der Zeit – Gottesdienst als Heilszeit ... 22
      2.1 Die Sabbatfeier 23
      2.2 Der Sonntag 23
   3. Das Festjahr 24
      3.1 Der jüdische Festkalender – Das jüdische Feierjahr 24
      3.2 Pesach und Ostern 24
      3.3 Vom Pesach zum Passah 25
      3.4 Das christliche Festjahr 27
      3.5 Der Weihnachtsfestkreis 27
   4. Gottesdienst als gestaltetes Heilsgeschehen 28
      4.1 Herrenmahl und Eucharistie 28
         4.1.1 Herrenmahl und Eucharistie in der Alten Kirche 28
         4.1.2 Vom Herrenmahl zur Eucharistiefeier 30
         4.1.3 Die römische Messe 32
   5. Gottesdienst als Wortgeschehen 35
      5.1 Die Reformation 35
      5.2 Der evangelische Gottesdienst der Gegenwart 40

IV. Die Liturgie 43
   1. Die Struktur im einzelnen 43
      1.1 Vor dem Gottesdienst 43
         1.1.1 Glockengeläut 43
         1.1.2 Stilles Gebet 43
      1.2 Eröffnung und Anrufung 43
         1.2.1 Musik zum Eingang / Orgelvorspiel 44
         1.2.2 Das Votum 44

- 1.2.3 Die Salutatio 45
- 1.2.4 Die (persönliche) Begrüßung 46
- 1.2.5 Das Vorbereitungsgebet (Confiteor) / Sündenbekenntnis 47
- 1.2.6 Das Eingangslied 51
- 1.2.7 Psalm 51
- 1.2.8 Gloria patri 52
- 1.2.9 Sündenbekenntnis 52
- 1.2.10 Kyrie 52
- 1.2.11 Gnadenverkündigung (Gloria) 53
- 1.2.12 Salutatio (vgl. auch 1.2.3) 53
- 1.2.13 Kollektengebet 53
- 1.3 Verkündigung und Bekenntnis 54
  - 1.3.1 Schriftlesung(en) 54
  - 1.3.2 Glaubensbekenntnis 54
  - 1.3.3 Wochenlied 56
  - 1.3.4 Predigt 56
  - 1.3.5 Predigtlied 57
- 1.4 Das Abendmahl 57
  - 1.4.1 Präfation 57
  - 1.4.2 Einsetzungsworte 58
  - 1.4.3 Lamm Gottes (Agnus Dei) 59
  - 1.4.4 Austeilung 59
  - 1.4.5 Dankgebet 60
- 1.5 Sendung und Segen 60
  - 1.5.1 Abkündigungen 60
  - 1.5.2 Fürbittengebet 60
  - 1.5.3 Vaterunser 61
  - 1.5.4 Sendungswort 63
  - 1.5.5 Segen 63
  - 1.5.6 Orgelnachspiel / Musik zum Ausgang 63
- 1.6 Der lutherische Gottesdienst nach der Erneuerten Agende 63

V. Die gottesdienstliche Zeit 65
1. *Das Kirchenjahr* (vgl. auch 3.4 und 3.5) 65
2. Der christliche Festkalender – Aufbau und Inhalt 69

VI. Zur Vielfalt gottesdienstlicher Formen 72
1. Der katholische Gottesdienst der Gegenwart (vgl. auch III./4.1.3) 72
2. Über Chancen und Risiken neuartiger Gottesdienstformen und die Notwendigkeit mehrgleisiger Gottesdienstkonzepte 78
3. Welche Rolle spielt die Ökumene? 80

VII. Fazit 82

VIII. Literaturverzeichnis (Auswahl) 83

I. Vorwort

1. Versuch einer Definition

Der Gottesdienst, wie wir ihn kennen, ist nicht nur als ein Geschehen wahrzunehmen, das ich erkenne und interpretiere, sondern auch als ein Geschehen, in dem ich erkannt und interpretiert werde. Der Gottesdienst vollzieht sich nur, wenn der erste Teil des Wortes – Gott – geschützt wird, wie dies z.b. im Alten Testament durch das Bilderverbot geschieht. Dieses Bilderverbot stellt in gewisser Weise ein „Schweigen von Gott" dar.

Der Gottesdienst gewinnt im Kontext der Liturgik Gestalt. Das griechische Wort Liturgie („leiturgia") ist zusammengesetzt aus „laos" = Volk und „ergon" = Werk. Insofern bedeutet es Dienstleistung, den Dienst der Verehrung vor und für Gott. Nach Apg 17,25 hingegen bedarf Gott nichts und niemandem, weil er selbst Leben und Odem gibt: „Auch läßt er sich nicht von Menschenhänden dienen, wie einer, der etwas nötig hätte, da er doch selber jedermann Leben und Odem und alles gibt" (Apg 17,25). Es ist insofern nicht ganz richtig, von Gottesdienst als einem Gott zu leistenden Dienst zu sprechen. Der Begriff Gottesdienst bedarf daher einer Präzisierung.

2. Zum Begriff „Liturgik"

Liturgik ist die Lehre vom Gottesdienst, die „Bezeichnung der sich mit dem Gottesdienst befassenden theologischen Disziplin" (TRE 21, 383), die „Wissenschaft vom christlichen Gottesdienst" (TRE 21, 384) und „der Gipfel, dem das Tun der Kirche zustrebt, und zugleich die Quelle, aus der all ihre Kraft strömt"[1].

---

1 Art. 10 der „Konstitution über die Heilige Liturgie", zit. in: Albrecht, Christoph, Einführung in die Liturgik, Göttingen [5]1995, S. 37. Vgl. auch R. Guardini, Vom Geist der Liturgie [1918], Neuausgabe Herder-Taschenbuch 2, 1957, 20, zit. in: Josuttis, Manfred, § 7: Gottesdienstreform im Katholizismus, in: Wintzer, Friedrich und Manfred Josuttis und Dietrich Rössler und Wolfgang Steck, Praktische Theologie, Neukirchener Arbeitsbücher, Neukirchen-Vluyn [5]1997, 71: „Nächster und eigentümlicher Zweck der Liturgie ist nicht, die Gottesverehrung des einzelnen auszudrücken; sie hat nicht ihn als solchen zu erbauen, geistlich zu wecken und zu bilden. Nicht der einzelne ist Träger des liturgischen Handelns und Betens. Auch nicht die Gesamtzahl vieler Sonderwesen ... Das Ich der Liturgie ist vielmehr das Ganze der gläubigen Gemeinschaft als solcher, ein über die bloße Gesamtzahl der Einzelwesen hinausliegendes Mehr, die Kirche." Zu nennen ist noch die Definition von Liturgie, wie sie in einem Text der „Gemeinsamen Synode der Bistümer in der BRD" (8. Vollversammlung) vom 21.11.1975 mit der Überschrift „Feier der Glaubenden – Feier des Glaubens" vorzufinden ist (zit. in: Josuttis, Manfred, § 7: Gottesdienstreform im Katholizismus, a.a.O., 80): „Liturgie gründet darauf, daß Gott selbst der Handelnde ist. Gottesdienst bedeutet nicht, daß Menschen über Gott verfügen wollen, sondern daß sie sich ihm zur Verfügung stellen. Im Zentrum des Gottesdienstes steht nicht unsere Aktivität, sondern Got-

Insofern fragt die Liturgik nach „Zweck" und Wesen des Gottesdienstes und der gottesdienstlichen Teile. Dabei muss sie berücksichtigen, daß „die Tatsache, daß bestimmte gottesdienstliche Formen so oder so gewachsen sind, [...] nicht ohne weiteres ihre Berechtigung im heutigen Gottesdienst zur Folge [hat]. Die Liturgik muß das liturgische Erbe fragen, inwieweit es für die heutige Gemeinde noch lebenskräftig ist."[2] Liturgik kann nur eine nach Worten suchende Rede sein, die von einem Geheimnis redet und dieses Geheimnis dennoch beschreiben können muss. Die Beteiligung am Gottesdienst ist eine Antwort auf das, was Gott an uns getan hat (Ps 66,16). Die Beteiligung geschieht in Form von hören, empfangen, feiern und beten. Daher hat Gottesdienst etwas mit Sinn- und Sinneserfahrungen zu tun, denn er schafft Sinn und richtet sich an alle Sinne (Lk 10,23; Joh 1,14; Joh 20,27; 1. Joh 1,1; Ps 34,9; Lk 14,24; Joh 6,30ff.48-54 u.ö.).

3. Konsequenzen aus dem bisher Gesagten

Was bedeutet das nun? Was heißt es, wenn Menschen in einem Gottesdienst zusammenkommen, gemeinsam beten, Lieder singen und Abendmahl feiern? Warum wird der Gottesdienst immer wieder als Mittelpunkt des Gemeindelebens bezeichnet, als „zentrale Lebensäußerung des Glaubens"[3]? Ist diese Bezeichnung korrekt, wo doch nur 5 % der Gemeindeglieder und nur 3 % aller Menschen regelmäßig an einem Gottesdienst teilnehmen?[4] Welche Zukunft hat der Gottesdienst in einer Welt von Menschen, die ihre religiösen Erfahrungen auf eigene Faust machen (wollen) und die Gemeinschaft (angeblich) nicht brauchen? Welche Chancen, aber auch Risiken, bieten Gottesdienste für Kirchendistanzierte?

All diesen Fragen will die vorliegende Arbeit nachgehen, in einer Sprache, die auch Nichttheologen verstehen können. Insofern bietet die Arbeit einen Zugang zum Gottesdienst in Geschichte und Gegenwart und führt ein in gottesdienstliches Handeln.

---

tes befreiende Tat, die in und durch Jesus Christus gegenwärtig wird. Deshalb verstehen Christen ihre gottesdienstliche Versammlung – auch bei schlichten äußeren Formen – als Feier."

2 Albrecht, Christoph, a.a.O., 11.

3 Cornehl, Peter, Art. Gottesdienst, VIII. Evangelische Kirche, in: Müller, Gerhard (Hg.), Theologische Realenzyklopädie, Band XIV, Berlin – New York 1985, 54.

4 Vgl. hierzu Dexheimer, Hermann, Bastionen der Zuversicht, in: Kohler, Oliver und Manfred Siebald (Hg.), Gottesdienst feiern. Ein Werkbuch aus der Gemeindepraxis, Gießen 1995, 11: „[...] der Mitgliederschwund in evangelischen Gemeinden ist nach Meinung von Soziologen keine zeitlich begrenzte Erscheinung."

II. Grundlegendes

1. Was ist Gottesdienst?

Vielen Menschen der Gegenwart erscheint der Gottesdienst, wie wir ihn kennen, als eine Veranstaltung, die Langeweile erzeugt und in der die Gottesdienstbesucher ein schlechtes Gewissen eingeredet bekommen. Vieles im Gottesdienst geschieht mehr schlecht als recht – „Routine, liturgische Wendungen ohne Bezug zu meinen Fragen, Problemen, Hoffnungen"[5]. Otmar Schulz nennt das ein „Museum in Tönen und Texten. Wer Redlichkeit schätzt und als Zeitgenosse Christ sein will, schränkt die Museumsbesuche bald ein, zumal wenn er die garstigen breiten Gräben etwa zwischen Paulus und der Apartheid oder zwischen Petrus und der Gen-Technologie doch gern überbrückt sehen möchte."[6] Das „Dilemma des Gottesdienstes" diagnostiziert Schulz als das „Dilemma der Kirche"[7]. „Die Gottesdienstkrise ist eine Glaubenskrise. Daß daraus auch eine Krise der Volkskirche werden kann, ist inzwischen nicht mehr zu übersehen."[8] Zugleich weist Schulz auf die Bedeutung des täglichen Gottesdienstes hin: „Der Gottesdienst am Sonntag ist gewiß etwas Besonderes. Aber er kann nur gelingen, wenn der Gottesdienst der Christen von Montag bis Samstag in ihn einmündet, von ihm herkommt, von ihm getragen wird. Ob der Gottesdienst am Sonntag Wirkungen hatte, zeigt sich am Montag."[9] Infolgedessen dürfe man den sonntäglichen Gottesdienst nicht isoliert betrachten und bewerten. Ähnliche

---

5 Schulz, Otmar, Der Gottesdienst: Auszug aus dem Museum, in: Girock, Hans-Joachim, Kirche soll sich ändern – aber wie? Gegen den Abwärtstrend im Protestantismus, Stuttgart 1987, 58. Was Gottesdienst nicht sein soll, dazu vgl. Knickel, Horst, Vorwort, in: Schardt, Günther und Christel Gottwals und Stephan Krebs, Überraschende Gottesdienste erleben, Nidderau 1999, 5: „Die Kirche ist etwas kühl gegenüber der behaglichen Wohnstube zu Hause. Die Kirchenbank ist hart, eine Leiste drückt gegen die Wirbelsäule. Links und rechts von mir ist viel Platz. Die Orgel hat Rhythmusstörungen, die Gebete sind wortreich. Während der Predigt nieselt ein Schauer theologischer Begriffe herunter. Meine Augen wandern in der Kirche umher und suchen geistige Anregung. Nach einer Weile sehne ich den Segen herbei. Etwas ausgekühlt trete ich ins Freie. Mit der frischen Luft strömt Lebensluft tief in mich hinein."

6 Schulz, Otmar, a.a.O., 59.

7 Ebd., 60.

8 Ebd., 60f. Vgl. auch Herbst, Michael, Missionarischer Gemeindeaufbau in der Volkskirche, Stuttgart [4]1996 (Arbeiten zur Theologie 76), 120: „Kreuzauswertungen ergaben, daß die Teilnahme am Gottesdienst und die Übereinstimmung mit den von der Kirche vertretenen Werten sich proportional zueinander verhalten: Sinkende Übereinstimmung veranlaßt zum Daheimbleiben; zunehmende Übereinstimmung motiviert zum Gottesdienstbesuch. Der Gottesdienstbesuch ist damit ein wichtiger Indikator für die Einstellung der Menschen zur Kirche."

9 Ebd., 63.

Gedanken formuliert Hans-Christoph Schmidt-Lauber, wenn er sagt: „Die Geschichte des evangelischen Gottesdienstes läßt dessen bedenkliche Verkopfung, eine starke Prävalenz der Pädagogik und die oft nahezu zwanghafte Nötigung zur sozialen Aktion – auch als Gründe für den Schwund der gottesdienstlichen Gemeinde – unschwer erkennen."[10] Christian Grethlein sieht die „Defizite gegenwärtiger gottesdienstlicher Praxis der evangelischen Kirchen in Deutschland"[11] vor allem darin, dass sie „wichtige Lebensbereiche (wie den der Krankheit) aus[blendet]" sowie in der „mangelnde[n] Berücksichtigung der leiblichen Dimension". Auch Christian Möller ist sich der Not bewusst, „in der sich viele Kirchengemeinden mit ihrem Gottesdienst sowohl am Sonntag wie im Alltag befinden: Hohle Predigten, schludrige Liturgie, wenig Ausstrahlung, hektischer Aktionismus, Inzucht von Gesinnungsgruppen usw."[12] Vieles von dem hier Gesagten ist sicher auf die Vertrautheit und Gewohnheit zurückzuführen, in der wir unsere Gottesdienste feiern und die leicht dazu führt, „daß wir nicht mehr genau wissen, was wir tun"[13]. Hervorzuheben ist aber, dass „jeder Gottesdienst [...] nur so tragfähig sein [kann], wie wir Gott in uns Raum geben"[14]. Gleichwohl ist der Gottesdienst ein Ritual, kein innerer Zwang, aber doch für viele Menschen ein „Ausdruck eines fundamentalen Bedürfnisses nach Regelmäßigkeit und Geordnetheit des menschlichen Lebens"[15]. Rituale „liefern [...] die Regeln, im Rahmen derer die Menschen auf der Suche nach Identität miteinander umgehen. [...] Rituale sind also die Regeln, die menschliches Verhalten in ana-

---

10 Schmidt-Lauber, Hans-Christoph, Die Zukunft des Gottesdienstes. Von der Notwendigkeit lebendiger Liturgie, Stuttgart 1990, 12. Vgl. auch Buchter, Jochen, Der Sonntagsgottesdienst in der Konkurrenzsituation des Marktes, in: Kohler, Oliver und Manfred Siebald (Hg.), a.a.O., 15f.: „Der Gottesdienst muß seinen Charakter als Feier wieder stärker erhalten. Der gegenwärtige evangelische Gottesdienst ist aber weithin auf eine intellektualistisch geprägte Predigt engeführt. [...] Der Gottesdienst als Feier überwindet die Engführung auf die Predigt, ohne ihre zentrale Bedeutung anzutasten. Er feiert jeden Sonntag ein kleines Osterfest."

11 Grethlein, Christian, Grundfragen der Liturgik. Ein Studienbuch zur zeitgemäßen Gottesdienstgestaltung, Gütersloh 2001, 40.

12 Möller, Christian, Gottesdienst als Gemeindeaufbau. Ein Werkstattbericht, Göttingen ²1990, 14.

13 Kohler, Oliver und Manfred Siebald (Hg.), a.a.O., 86.

14 Schäfer, Annedore, Gottesdienst unter den Bedingungen des Lebens, in: Kohler, Oliver und Manfred Siebald (Hg.), a.a.O., 24.

15 Josuttis, Manfred, § 5: Der Gottesdienst als Ritual, in: Wintzer, Friedrich u.a., a.a.O., 46. Vgl. ebd., 50, die Definition eines Rituals durch E. Goffman: „Ein Ritual ist eine mechanische, konventionalisierte Handlung, durch die ein Individuum seinen Respekt und seine Ehrerbietung für ein Objekt von höchstem Wert gegenüber diesem Objekt oder seinem Stellvertreter bezeugt." Josuttis versucht eine eigene Definition zu geben (ebd., 54): Ein Ritual ist „ein System von interaktionalen Vollzügen, durch das eine Gruppe von Menschen für sich und ihre Mitglieder in einer bestimmten Situation die Identität sicherstellt".

logen Situationen regulieren. Sie liefern Verhaltensmuster [...]."[16] Die Bedeutung des Gottesdienstes als Ritual und seine Funktion mag im Kontext der nach wie vor sehr geringen Teilnehmerzahlen in Frage gestellt werden. Umso wichtiger ist der Zusatz, dass „rituelle Interaktion [...] Identität nur unter der Bedingung sozialer Zugehörigkeit und regelmäßiger Partizipation [liefert]"[17].

Nachdem wir nun den Versuch einer Bestandsaufnahme der gegenwärtigen liturgischen Situation unternommen haben, kehren wir zu der Frage zurück, was einen Gottesdienst auszeichnet.

Auf der Suche nach einer Antwort auf die Frage, was Gottesdienst sei[18], stößt man auf ein Lied von Gerhard Tersteegen. In dem Lied „Gott ist gegenwärtig" (EG 165) wird deutlich, worum es in einem Gottesdienst geht.

> Gott ist gegenwärtig. Lasset uns anbeten und
> in Ehrfurcht vor ihn treten. Gott ist in der Mitte.
> Alles in uns schweige und sich innigst vor ihm
> beuge. Wer ihn kennt, wer ihn nennt, schlag
> die Augen nieder; kommt, ergebt euch wieder.

Gott ist im Gottesdienst gegenwärtig. Im Gottesdienst geht es „um die Begegnung mit Gott, mit dem Heiligen, mit der Wahrheit"[19]. Die Sprechrichtung des Liedes erfolgt untereinander („laßt uns"). Die gemeinsame Existenz vollzieht sich in der Anbetung bzw. Ehrfurcht und in einer gemeinsamen Ausrichtung und Gegenwart. Gott ist in der Mitte, mitten unter den Menschen. Als angemes-

---

16   Ebd., 52. Zur Funktion von Ritualen vgl. ebd.: Sie dienen „zunächst dem sozialen Gleichgewicht der jeweiligen Gesellschaft". Eine Gegenüberstellung von positiven und negativen Funktionen des Rituals findet man ebd., 55.

17   Ebd., 53.

18   In seinem Buch Theologie der Gottesdienstgestaltung, Neukirchen-Vluyn 1992, beschreibt Okko Herlyn zunächst, wie seiner Meinung nach ein misslungener Gottesdienst aussieht (9-15), um gegen Ende einen Ausblick auf einen gelungenen Gottesdienst (167-171) zu wagen.

19   Cornehl, Peter, Herausforderung Gottesdienst, in: Gemeinsame Arbeitsstelle für gottesdienstliche Fragen der Evangelischen Kirche in Deutschland (Hg.), Band 31/98, Hannover 1998, 7. Die Aufgabe von Gottesdienst und Predigt sieht Cornehl darin, „die Texte der Hl. Schrift zu Gehör zu bringen, auszulegen, in neuen Situationen verbindlich zu machen" (ebd., 8). Im Blick auf die Traditionsvermittlung, die im Gottesdienst geschehen soll, nennt Cornehl drei Aspekte: Initiation (Einführen in die Tradition), Innovation (Interpretation biblischer Texte für die Gegenwart) und Beheimatung (Suchenden eine Möglichkeit zu eröffnen, Heimat zu finden, ohne ihnen eine nicht gewollte Bindung aufzunötigen).

sene Reaktion kommen das Schweigen und das Sich-beugen in Betracht. Der Gottesdienst kann so zu Erneuerung und Heimkehr führen.

> Gott ist gegenwärtig, dem die Cherubinen Tag
> und Nacht gebücket dienen. Heilig, heilig, heilig!
> singen ihm zur Ehre aller Engel hohe Chöre.
> Herr, vernimm unsre Stimm, da auch wir Ge-
> ringen unsre Opfer bringen.

Der gegenwärtige Gott ist kein einsamer Gott, sondern stets umgeben. Die Sprechrichtung wechselt: Es kommt zu einer Bitte an Gott. Vor dem gegenwärtigen Gott ist ein Opfer notwendig. Denn der Gottesdienst hat einerseits mit Lob, andererseits mit einem Opfer (im Sinne von Danksagung) zu tun.

> Wir entsagen willig allen Eitelkeiten, aller
> Erdenlust und Freuden; da liegt unser Wille,
> Seele, Leib und Leben dir zum Eigentum
> ergeben. Du allein sollst es sein, unser Gott
> und Herre, dir gebührt die Ehre.

Wir selbst sind – als Dank und Lob – das Opfer. Das Opfer ist zugleich die Absage an die Vielheiten, eine Absage an das Zerstreuen. Das Selbstopfer ist Selbstverpflichtung: Wille, Seele, Leib und Leben sollen hingegeben werden.

> Majestätisch Wesen, möcht ich recht dich
> preisen und im Geist dir Dienst erweisen.
> Möcht ich wie die Engel immer vor dir stehen
> und dich gegenwärtig sehen. Laß mich dir für
> und für trachten zu gefallen, liebster Gott, in
> allem.

Es erfolgt ein Umschlag der Sprache: Bisher war von Wir-Formen und Gemeinsamkeiten die Rede, jetzt dominieren Ich-Formen. Die Sprache der Sehnsucht benutzt Formulierungen wie „möchte ich" und „laß mich". Es handelt sich um eine Sehnsucht nach dem rechten Preis. Dadurch kommen der Dienst und die Existenz der Engel zum Ausdruck. Die Existenz der Engel besteht darin, Gott als den gegenwärtigen Gott zu erkennen. Wünschenswert ist eine Existenz, die nicht mehr gespalten ist, sondern auf ein einziges Ziel gerichtet bleibt. Der Mensch gelangt zu der Erkenntnis, dass seine Existenz nicht beständig ist, sondern zerstreut und zerfasert.

> Luft, die alles füllet, drin wir immer schweben,
> aller Dinge Grund und Leben, Meer ohn Grund
> und Ende, Wunder aller Wunder: ich senk mich
> in dich hinunter. Ich in dir, du in mir, laß mich
> ganz verschwinden, dich nur sehn und finden.

In der fünften Strophe herrschen poetische Bilder vom gegenwärtigen Gott vor: Luft, Meer und Wunder. Gott ist einer, der vor dem Anfang war und nach dem Ende sein wird. Der Mensch muß staunen und sich versenken (Kontemplation). Ein persönlicher Sprachstil herrscht vor. Die Sprache der Liebe ähnelt der des Hohenlieds. Zugleich meldet sich eine Ich-Vergessenheit zu Wort.

> Du durchdringest alles; laß dein schönstes
> Lichte, Herr, berühren mein Gesichte. Wie
> die zarten Blumen willig sich entfalten und
> der Sonne stille halten, laß mich so still und
> froh deine Strahlen fassen und dich wirken
> lassen.

Das Stillesein und das Wirken des Lichts führen zur Entfaltung des Ganzen.

> Mache mich einfältig, innig, abgeschieden,
> sanft und still in deinem Frieden; mach mich
> reines Herzens, daß ich deine Klarheit
> schauen mag in Geist und Wahrheit; laß
> mein Herz überwärts wie ein' Adler schweben
> und in dir nur leben.

Was ist die Wirkung der Stille? Das Stillesein verwandelt und macht einfältig. Der Mensch ist infolgedessen vom Sein bestimmt, nicht mehr vom Haben bzw. Haben-Wollen. Das Wirken des Lichts verwandelt zugleich das Herz, das Organ der Erkenntnis. Die Spaltung der Existenz ist Sünde (vgl. Röm 7,18f.).

> Herr, komm in mir wohnen, laß mein' Geist
> auf Erden dir ein Heiligtum noch werden;
> komm, du nahes Wesen, dich in mir verkläre,
> daß ich dich stets lieb und ehre. Wo ich geh,
> sitz und steh, laß mich dich erblicken und vor
> dir mich bücken.

Eine personale Anrede herrscht nun vor, jedoch ohne Namen zu nennen. Gottesdienst hat mit Heiligung zu tun. Gott ist ein nahes Wesen, das gebeten werden muss, damit es kommt. Verklärung meint, Gott stets zu lieben und zu ehren. Lieben und ehren bezieht sich auf alle Lebenslagen. Das Lied schließt wie es angefangen hat.

Fazit: Gottesdienstliches Geschehen ist ein gemeinsames Präsentwerden vor dem gegenwärtigen Gott in Anbetung, Ehrfurcht, Demut und Erneuerung, eine „heilige Handlung, die in rituell feststehenden Formen von einer Gemeinschaft vollzogen wird, in deren Vertretung ein oder mehrere Zelebranten die gottesdienstlichen Akte vollziehen"[20]. „Gottesdienst ist also der Inbegriff aller Handlungen, durch welche wir uns als Organe Gottes verstehen" (TRE 21, 388). Im Gottesdienst realisiert sich die Gemeinschaft Gottes mit seinem Volk und des Herrn mit seiner Gemeinde unter der „Vorstellung, daß der rituelle Vollzug reale Wirkungen verursacht"[21]. Im Gottesdienst – und nicht nur dort – soll der Wille Gottes auf der Erde geschehen. „Gott steht am Beginn jeglichen Kultes, insofern er die Initiative ergreift, uns wieder an sich zu ziehen. Er ist aber auch der Endpunkt, auf den jede liturgische Feier ausgerichtet ist" (A. Verheul). Im Vollzug des Willens Gottes geschieht die Erneuerung und Bewahrung der Gemeinde. Zum gegenwärtigen Gott gehört der Gesang zu seiner Ehre. Gottesdienst ist demgemäß eine Einstimmung in jenen Gesang, den nicht Menschen erfunden haben, sondern der von den Engeln vorgebracht wird. Gottesdienst hat mit Opfern zu tun: mit dem Selbstopfer, d.i. die Selbstverpflichtung, alles in Gemeinsamkeit zu tun. Gottesdienst hat mit Sehnsucht nach Ganzheit bzw. Beständigkeit zu tun. Gottesdienst hat mit Staunen, Versenkung und mit Liebe zu tun. Gottesdienst meint das Sich-selbst-Aussetzen gegenüber einer Wirkung, die die Entfaltung bzw. die Verwandlung des Herzens beinhaltet. Gottesdienst drängt auf das leibhafte Leben, auf die Heiligung auf der Erde. „Hier bringt die Kirche stellvertretend jenen Gottesdienst dar, den die Welt nicht mehr oder noch nicht darbringt: Christlicher Gottesdienst bedeutet sowohl Drohung als auch Verheißung für die Welt; er kündigt ihr Ende an, verheißt aber auch die Zukunft einer Bestimmung, die sie vergessen hat, zu der sie aber berufen bleibt"[22]. „Gottesdienst ist die Feier des Lebens, die Feier Gottes, mithin eine spirituelle Verdich-

---

20 Lanczkowski, Günter, Art. Gottesdienst, I. Religionsgeschichtlich, in: Müller, Gerhard (Hg.), a.a.O., 1.
21 Ebd.
22 Wainwright, Geoffrey, Art. Gottesdienst, IX. Systematisch-theologisch, in: Müller, Gerhard (Hg.), a.a.O., 89.

tung des Lebens"[23], oder – um es mit den Worten von Manfred Josuttis auszudrücken – ein „'Weg in das Leben', den jeder Gottesdienst geht"[24].

Charakteristisch für den Gottesdienst sind seine konservative Eigenart, die in ihm geübte Sakralsprache, das Vorhandensein einer Kultgemeinschaft, deren Glieder „durch gleiches Bekenntnis verbunden sind"[25], der Kultort sowie eine kultische Alters- und Geschlechtsdifferenzierung, die sich in Initiationsriten äußert.

Bei der Gestaltung eines Gottesdienstes ist darauf zu achten, dass Gottesdienst nicht nur als „Predigt mit Umrahmung"[26] verstanden wird. Der evangelische Gottesdienst der Gegenwart muss berücksichtigen, dass „neben den zur Sprache kommenden Texten auch noch ganz andere Dinge entscheidend sind: Raum, Musik, Kleidung, Bewegung, evtl. auch Gerüche und Berührungen"[27]. Dass der evangelische Gottesdienst so „wortlastig" erscheint, liegt in seinem Wesen, denn „das Prinzip 'allein durch das Wort', 'allein die Schrift' wurde nicht nur rechtfertigungstheologisch verstanden (im Zusammenhang mit dem 'solus Christus' und 'sola fide'), sondern auch methodisch"[28]. „Die 'Kirche des Wortes' verstand sich selbst gern auch als 'Kirche ohne Ritual'."[29] Der Gottesdienst als ausgeprägtes Ritual muss berücksichtigen, dass es sich dabei um grundlegende anthropologische Phänomene handelt. Das führt dazu, „den Gottesdienst einmal nicht in ausgesprochen theologischer, sondern in anthropologischer Perspektive zu sehen"[30].

---

23 Krebs, Stephan, Medieneinsatz im Gottesdienst, in: Schardt, Günther u.a., a.a.O., 22.
24 Josuttis, Manfred, Der Weg in das Leben. Eine Einführung in den Gottesdienst auf verhaltenswissenschaftlicher Grundlage, Gütersloh ²1993, 9. Josuttis will die „Tiefendimension kultischer Realität" ausloten durch die Überwindung theologischer Rationalisierungen und die Beobachtung des „Verhalten[s] der den Gottesdienst Feiernden" (ebd.). „Eine Liturgik auf verhaltenswissenschaftlicher Grundlage arbeitet also nicht pastorenzentriert, sondern gemeindeorientiert, nicht ideen-, sondern körperbezogen, nicht dogmatisch, sondern anthropologisch" (ebd.).
25 Lanczkowski, Günter, a.a.O., 2.
26 Meyer-Blanck, Michael und Birgit Weyel, Arbeitsbuch Praktische Theologie. Ein Begleitbuch zu Studium und Examen in 25 Einheiten, Gütersloh 1999, 91.
27 Ebd.
28 Ebd., 92.
29 Ebd.
30 Ebd., 103.

2. Gottesdienst als Geschehenszusammenhang

Gottesdienst ist ein Geschehenszusammenhang, in dem gemeinsame Existenz Gestalt gewinnt. Durch das gemeinsame Singen, Beten und Hören wird ein gemeinsames Vollziehen möglich. Es handelt sich um eine Zeit der gemeinsamen Gegenwart vor dem gegenwärtigen Gott. Zugleich wird im Augenblick des Singens Tradition lebendig. Im Vollzug des Gesangs gewinnt der Singende die Möglichkeit einer nicht gespaltenen Existenz, einer gemeinsamen Zukunft vor dem gegenwärtigen Gott. Singen ist im Grunde gemeinsames Sprechen im Medium der Musik. Durch das Medium Musik wird die Sprache transzendiert. Die Rede von bzw. zu Gott ist eine Rede der Menschen vor Gott. Verhaltensäußerungen sind schweigen, preisen, beugen, dienen, sich versenken, opfern und sich bemühen. Es herrscht eine Tendenz in Richtung auf ein Ganzes, das geschenkhaft erfahren wird. Im Singen werden historische Fakten wie z.B. Verfasser, Zeit und Ort der Entstehung des Liedes sekundär, denn „die Sprache, in der die Sprache von Toten und Lebenden zusammen ist, ist die Sprache Gottes" (Ernst Fuchs).

III. Stationen der Geschichte des christlichen Gottesdienstes

1. Der Gottesdienst Israels als Mutter des christlichen Gottesdienstes

Der christliche Gottesdienst, wie wir ihn kennen, hat seine Wurzeln im jüdischen Gottesdienst.[31] Merkmale des Gottesdienstes sind ein sakraler Ort oder Raum (Altar, Synagoge, Tempel), zum Gottesdienst bestellte Personen, bestimmte Ordnungen (liturgische Formulare, Formen und liturgische Formeln sowie Riten und Symbole, Opfer), festgesetzte Zeiten (Feste und Feiertage), liturgische Gewänder des Kultpersonals, kultische Gerätschaften und Bücher. In den Schriften des Alten Testaments finden sich im Ganzen „nur selten Berichte über gottesdienstliche Handlungen 'Israels', die längere oder detailliertere liturgische Abläufe erkennen ließen"[32]. Gottesdienstliche Handlungen werden in der Regel dann zelebriert, wenn es um die „Aufrichtung, Erneuerung oder Wiederherstellung des Bundes zwischen Gott und 'Israel'"[33] geht. Von besonderer Bedeutung ist die Unterscheidung zwischen falschem und rechtem Gottesdienst. Während falscher Gottesdienst durch die eigene Bosheit und das Gehorchen der eigenen, menschlichen Stimme zustande kommt und dem ersten Gebot des lutherischen Katechismus widerspricht, meint rechter Gottesdienst das Hören und Tun von Gottes Wort. Der Gehorsam ist insofern vom Halten der Gebote YHWHs abhängig.[34]

„Der Gottesdienst in neutestamentlicher Zeit ist in erster Linie ausgezeichnet durch seine Christusbezogenheit. Der Name des Herrn Jesus Christus soll gepredigt und gepriesen werden. Es ist das Mahl des Herrn, das von der Gemeinde gefeiert, und die Taufe im Namen Jesu, die allen Umkehrwilligen gespendet wird. Das urchristliche Bekenntnis in seinen vielfältigen Gestalten ist Bekenntnis zu Jesus als dem Messias, dem Herrn, dem Gottessohn. Das heißt jedoch: es ist Bekenntnis zu Jesus als dem Offenbarer Gottes, der in die Welt gesandt ist, der gestorben und auferstanden ist, um den Menschen das Heil zu bringen. In diesem Sinne ist der Gottesdienst Zuspruch und dankbare Antwort auf das, was in Christus geschehen [ist] und weiterhin durch ihn geschieht."[35] Der Gottesdienst in neutestamentlicher Zeit ist geprägt durch das Ineinander von Christus-

---

31 Vgl. im Folgenden Diebner, Bernd-Jörg, Art. Gottesdienst, II. Altes Testament, in: Müller, Gerhard (Hg.), a.a.O., 5.
32 Ebd., 7.
33 Ebd., 8.
34 Zur weiteren Differenzierung von falschem und rechtem Gottesdienst vgl. ebd., 15.
35 Hahn, Ferdinand, Art. Gottesdienst, III. Neues Testament, in: Müller, Gerhard (Hg.), 37.

bezogenheit, Gemeindebezogenheit, Weltbezogenheit (Zusammengehörigkeit von gottesdienstlichem Leben und Alltagsverantwortung) und eschatologischer Bezogenheit (es geht um die „innere Ausrichtung auf den himmlischen Gottesdienst, den die Christen dereinst mitfeiern dürfen"[36]).

Die Gemeindezusammenkünfte in neutestamentlicher Zeit sind durch Folgendes gekennzeichnet: „die Tradition jüdischer Gottesdienste als selbstverständlicher Hintergrund, die deutliche Abgrenzung vom kultischen Verständnis, andere Zeiten und Orte der Zusammenkunft. Eine gewisse Ähnlichkeit haben Probleme, denen sich offensichtlich die urchristlichen Gemeinden stellen mussten: Konkurrenz durch andere Kulte, gewisse Gottesdienstmüdigkeit bei Gemeindegliedern"[37] (Apg 20,9) und das Problem nicht regelmäßigen Gottesdienstbesuchs (Hebr 10,25). Die Lehre, also Predigt und Schriftlesung, die Gemeinschaft, das Brotbrechen und das Gebet sind nach Apg 2,42 die vier Hauptbestandteile urchristlichen Gottesdienstes. Alles in allem ist die liturgische Situation in der Urchristenheit als pluriform zu kennzeichnen.

Zur Zeit Jesu gab es zwei Formen gottesdienstlicher Feier: den Tempelgottesdienst und den Synagogengottesdienst.

1.1 Tempel und Synagoge

1.1.1 Tempel

Israel war in 24 gottesdienstliche Regionen aufgeteilt. Jede Region gestaltete zweimal im Jahr eine Woche lang den Gottesdienst im Tempel von Jerusalem, dem Zentrum des Volkes Israel. Die Vertreter der einzelnen Regionen wurden in drei Klassen unterteilt: in Priester, die für Opfer und Gebete zuständig waren, Leviten, die für die Musik verantwortlich waren, und in Israeliten, die Volksvertreter, die Zeugen des Geschehens waren und Opfer darbrachten. Der Gottesdienst fand morgens und abends („Tamid"), am Sabbat und an Festtagen („Musav") statt. Im täglichen Gottesdienst sagten die Teilnehmer dreimal den Dekalog auf, ferner das Bekenntnis und eine Reihe von Segensworten, die den Kern des späteren Achtzehnbittengebets bildeten. Es wurden Opfer dargebracht und Psalmen rezitiert, die von den Leviten vorgesungen und von Saiteninstrumenten begleitet wurden. Die Zahl der Psalmen war beschränkt. Jedem Tag wurde ein bestimmter Psalm zugeordnet. Als „Sabbatpsalm" wurde der 92. Psalm bezeichnet; am Sonntag, dem ersten Tag der Woche, wurde Psalm 24 rezitiert. Die Psalmen wurden strukturiert vorgetragen. Die Anbetenden warfen sich als Zeichen ihrer Hingabe und Ehrfurcht zu Boden. An Festen spielten vor allem die Psalmen 114 bis 119 eine große Rolle, die auch am Vorabend des Passahfestes aufgesagt wurden. Der Tempelgottesdienst wurde bis zur Tempel-

---

36   Ebd., 38.
37   Grethlein, Christian, a.a.O., 55.

zerstörung im Jahre 70 n. Chr. ununterbrochen durchgeführt. Es scheint aber auch noch nach der Zerstörung des Tempels bis zum Jahre 135 n. Chr. einen eingeschränkten Opferkult auf dem Tempelplatz gegeben zu haben.

Von Jesus wissen wir, dass er am Synagogengottesdienst teilgenommen und in ihm die Schrift ausgelegt hat (Lk 4,16ff.).[38] „Dagegen gibt es keinen Hinweis darauf, daß Jesus auch am Opferkultus im Jerusalemer Tempel teilgenommen hätte."[39] So kann man durch Jesu und der Apostel Teilnahme am Gottesdienst des Judentums eine Verbindungslinie zumindest zwischen dem Synagogengottesdienst und dem Gottesdienst der Urgemeinde[40] ziehen – wie das Albrecht tut[41] –, jedoch darf auch hier nicht vergessen werden, dass sich der Übergang vom jüdischen Gottesdienst zum christlichen Gottesdienst nicht bruchlos vollzog. Albrecht weist jedoch darauf hin, dass Jesus „mit dem Vaterunser, der Abendmahlseinsetzung und dem Taufbefehl [...] Ansatzpunkte für die Ausbildung der christlichen Liturgie gegeben [hat]"[42].

1.1.2 Synagoge

Da die Quellen sehr vage und nicht präzise sind, haben wir über die Synagoge nur wenige Informationen zur Verfügung. Im Neuen Testament wird die Synagoge als feste Institution angesehen. Sie ist vermutlich in den beiden vorchristlichen Jahrhunderten entstanden. Einer Vermutung zufolge entstanden Synagogen in nachexilischer Zeit, um in ihnen Gottesdienste zu feiern, die auf die Feier im Tempel bezogen waren und jeweils nur einer gottesdienstlichen Region zugänglich waren. Dagegen spricht jedoch, dass nirgendwo erwähnt wird, dass bei diesen Versammlungen auch gebetet oder Psalmen gesungen wurden. Die Synagoge war daher zunächst kein Ort der Anbetung und des Kultes. Jedoch beschäftigte man sich in ihr mit religiösen Texten, mit den Schriften der Thora und der Propheten. „Im Zentrum stand die Verlesung des Gesetzes und der Propheten samt Übertragung ins Aramäische (das sog. Targum) und deren Auslegung. Hinzu traten das Bekenntnis zu dem einen Gott und das Gebet, ferner das

---

38   Albrecht, Christoph, a.a.O., 13.
39   Ebd., 14. Vgl. auch Grethlein, Christian, a.a.O., 56: „So nahmen die ersten Christen – wie auch Jesus selbst – in Jerusalem regelmäßig am Tempelgottesdienst teil (Apg 2,46; 3,1.11-26; 5,12-16.42; vgl. Mt 5,23f.; 17,24-27), allerdings wohl kaum mehr an dessen Opferkult." Den Grundstein für eine eigenständige christliche Entwicklung legten – so Grethlein – Mahlfeier und Taufe. Im Vollzug der Mahlfeier kam zugleich die Distanz zu kultischen Vorstellungen deutlich zum Ausdruck.
40   Zum Gottesdienst der Urgemeinde, auf den aus Platzgründen hier nicht weiter eingegangen werden kann, vgl. Albrecht, Christoph, a.a.O., 14-19. Gemäß Apg 2,42 benennt Albrecht „vier Hauptbestandteile urchristlichen Gottesdienstes [...]: die Lehre, die Gemeinschaft, das Brotbrechen und das Gebet" (14).
41   Vgl. ebd., 14.
42   Ebd.

Singen oder Rezitieren von Psalmen und ähnlichen Texten."[43] Erst nach der Zerstörung des Tempels im Jahre 70 n. Chr. entstanden Gottesdienste, die zu den Zeiten stattfanden, an denen auch der Tempelgottesdienst abgehalten wurde. An die Stelle des Opfers trat nun das Gebet. Im Neuen Testament erscheint das Gebet entweder im Zusammenhang mit der Tempelzeremonie oder im Zusammenhang mit Privatandachten. Im Unterschied zum Tempelgottesdienst war der Gottesdienst in der Synagoge eine Versammlung von Laien. Synagogengottesdienste waren nicht an einen bestimmten Ort gebunden und konnten auch unter freiem Himmel stattfinden (Apg 16,13).

Am Beispiel von Psalm 24 gehen wir noch einmal einen Schritt zurück und werfen im Folgenden einen kurzen Blick auf die Perspektiven des Tempelgottesdienstes.

1.2 Perspektiven des Tempelgottesdienstes

Zu den Elementen des Tempelgottesdienstes gehörten das Opfer, die Musik, Prostrationen und privates Gebet. Anhand von Psalm 24 soll versucht werden herauszufinden, wem die Anbetung galt und wozu sie diente.

1 Die Erde ist des Herrn und was darinnen ist,
 der Erdkreis und die darauf wohnen.
2 Denn er hat ihn über den Meeren gegründet
 und über den Wassern bereitet.
3 Wer darf auf des Herrn Berg gehen,
 und wer darf stehen an seiner heiligen Stätte?
4 Wer unschuldige Hände hat
 und reines Herzens ist,
 wer nicht bedacht ist auf Lug und Trug
 und nicht falsche Eide schwört:
5 der wird den Segen vom Herrn empfangen
 und Gerechtigkeit von dem Gott seines Heiles.
6 Das ist das Geschlecht, das nach ihm fragt,
 das da sucht dein Antlitz, Gott Jakobs. SELA.
7 Machet die Tore weit und die Türen in der Welt hoch,
 daß der König der Ehre einziehe!
8 Wer ist der König der Ehre?
 Es ist der Herr, stark und mächtig,
 der Herr, mächtig im Streit.
9 Machet die Tore weit und die Türen in der Welt hoch,
 daß der König der Ehre einziehe!

---

43 Hahn, Ferdinand, a.a.O., 29.

10   Wer ist der König der Ehre?
     Es ist der Herr Zebaot; er ist der König der Ehre. SELA.

Psalm 24 gliedert sich in drei Teile (Verse 1 und 2, Verse 3 bis 6 und Verse 7 bis 10). Vers 6 ist vermutlich ein in späterer Zeit entstandener sekundärer Zusatz. Der erste Teil des Psalms thematisiert die Welt, die vor Gott steht, der zweite Teil den ebenfalls vor Gott stehenden Menschen, und der dritte Teil handelt von Gott an sich.

Gliederung:
Vers 1	Proklamation des Eigentümers
Vers 2	Begründung des Eigentümers und Legitimation
Vers 3	Frage
Vers 4	Antwort: Menschen mit Hand, Herz und Zunge, die dem entsprechen, was in der Thora gefordert wird
Vers 5	Empfang von Segen und Heil (Geschehen, das dem Menschen geschenkhaft begegnet)
Vers 6	Sekundärer Zusatz
Vers 7	Aufforderung an die Tore, sich zu erheben
Vers 8	Der König der Herrlichkeit ist ein mächtiger Kämpfer
Vers 9	Erneute Aufforderung an die Tore, sich zu erheben
Vers 10	Der König der Herrlichkeit (fünfmal genannt) ist der Herr der Heerscharen (zweimal ähnliche Antwort)

Vor allem zwei Bewegungen durchziehen diesen Psalm. Die Namenskundgabe ist zugleich eine Wesenskundgabe. Die Wirklichkeit dieses Gottes ist weltumspannend; er ist gegenwärtig, aber nicht an den Tempel gebunden. Nur wenige Psalmen sind in der Tempelliturgie fest verankert, beinhalten aber eine bedeutende Tempeltheologie. Die Anrufung des Namens im Tempel erfolgt immer mit Rühmung und Lob. Psalmengebete vereinen Gemeinsamkeit und Individualgebet. Sein Name macht diesen Gott ansprechbar und steht für die heilsame Existenz seiner Herrlichkeit. Er ist hilfreich da „um seines Namens willen". Mit Hilfe der Anrufung drängt der Anbeter zu diesem Gott. Ihren Sitz im Leben haben die Psalmen im kultischen Bereich und im Gottesdienst (nach H. Gunkel). Die Sphäre der Gegenwart dieses Gottes berührt die Ewigkeit. Die Gottesgegenwart steht der Normalzeit entgegen. Die Antwort des Menschen auf die heilsame Gegenwart ist das Lob. Das Lob ist geprägt von der Erfahrung eines Gottes, der sich anrufen lässt. Die Gebetsform als Umfeld des Tempelgottesdienstes ist eine Sprachform und ein Sprachstil, die das Leben begleitet und religiös sprachfähig macht.

1.3 Elemente des jüdischen Gottesdienstes, die im späteren christlichen Gottesdienst zu finden sind

Zu den Elementen des jüdischen Gottesdienstes, die im späteren christlichen Gottesdienst zu finden sind, gehören Lesung und Auslegung, die zugleich die Kernelemente des christlichen Wortgottesdienstes sind. In der Synagoge wurde zwischen „Gesetz und Propheten" unterschieden. Ferner gehört zu diesen Elementen das Fürbittengebet, das nach der Zerstörung des Tempels in die Synagoge Eingang gefunden hat. Weitere Elemente sind Doxologien (Lobpreisungen am Ende eines Gebets), der Grundstock des eucharistischen Gebets, das Sanctus, die Akklamationen der Gemeinde (Beteiligung der Gemeinde; dialogisches bzw. responsoriales Element) sowie „Halleluja" und „Amen", die unübersetzt übernommen wurden, desweiteren das „Hosianna", das Dreimal Heilig (Jes 6,3), die Schriftlesungen, die Predigt und der aronitische Segen (Num 6,24-26), gewissermaßen die „Grundgeste des Gottesdienstes". Von besonderer Bedeutung ist die Beachtung der Zeit (Heiligung der Zeit, nicht des Ortes!), d.h. geschichtliche Erfahrungen werden aktualisiert durch die Heiligung der Zeit im gottesdienstlichen Vollzug. Der Name Gottes lässt sich dabei nicht vermeiden. Die verschiedenen Übersetzungen gehen auf die Eigenart des hebräischen Zeitverständnisses zurück. Der jüdische Gottesdienst hat mehr mir Heiligung der Zeit als mit Heiligung des Ortes zu tun: Der Gottesdienst konnte auch ohne Tempel gefeiert werden. Die Heiligung der Zeit geschah auch im Haus und in der Familie zu liturgisch geordneten Zeiten.

2. Der Gottesdienst als Heiligung der Zeit – Gottesdienst als Heilszeit

Man unterscheidet eine zyklische und eine lineare Zeiterfahrung. Zyklisch hat den Rhythmus der Natur im Blick (Tag und Nacht, Wochen, Monate, Jahre). Hierbei handelt es sich um eine soziale Übereinkunft, die nicht naturgegeben ist, während die Zeit in ihrer linearen Bedeutung als etwas Gerichtetes erfasst wird (Vergangenheit denken, Zukunft denken, Entstehung von Schrift, Wissenschaften etc.). Das lineare Zeitverständnis ist charakteristisch für das alte Israel, für das Judentum, das Christentum und letztlich für das gesamte Abendland. Die Geschichte wird als Heilsgeschichte erfahren, als Dimension, in der Gott begegnet, redet und handelt. In Israel wurde beides miteinander verbunden. So sind z.B. alte Feste mit den Vorstellungen der Heilsgeschichte verbunden worden.

2.1 Die Sabbatfeier

In allen Schichten des Pentateuch kommt die Sabbatfeier vor (z.B. Ex 23,12; 34,21). Eine analoge Bezeichnung ist „der siebte Tag". Der Sabbat wurde als zyklische Feier aufgefaßt, die aber nichts mit der Naturerfahrung zu tun hat. Zum einen verbirgt sich dahinter ein sozialer Horizont im Kontext des Ruhens und Feierns, zum anderen die Heiligung der Menschen durch das Halten des Sabbats. Nachexilisch ist die Vorstellung vom Sabbat als einem Ruhe- und Feiertag. Dieser Ruhe- und Feiertag wurde später in Verbindung gebracht mit einem Ruhetag des Schöpfers. Der siebte Tag ist bleibender Hintergrund der Schöpfung, denn die Ruhe Gottes ist nicht vergangen. In Dtn 5,15 werden der Sabbat und das Gedächtnis an die Befreiung aus Ägypten in Einklang miteinander gebracht. In der Mischna wurde der Sabbat auch als messianisches Zeichen, als Zeichen der Hoffnung verstanden und als „Braut des Königs" bezeichnet. Heute gilt der Sabbat als Zeichen dafür, dass mitten in dieser Welt etwas anderes, ein anderer anwesend ist. Heidenchristen feierten den Sabbat wohl von Anfang an nicht. Judenchristen dagegen haben bis zum 2. / 4. Jh. an der Sabbatfeier festgehalten. Ob damit ein Gottesdienst verbunden war, ist unklar. Der Sabbat galt als Gedenktag der Schöpfung, der Sonntag als Gedächtnis der Auferstehung – so definierten es zumindest die „Apostolischen Konstitutionen" aus dem 4. Jh. Ab dem 5. Jh. verschwand ein christlicher Sabbat-Gottesdienst und wurde von dem bis heute gültigen Sonntags-Gottesdienst aufgenommen.

2.2 Der Sonntag

Der Sonntag wird als „der siebte Tag" (vgl. Gen 2,2), als „der erste Tag der Woche", als „erster Tag nach dem Sabbat" oder als „Herrentag" bezeichnet, dem Tag, an dem man das Herrenmahl feierte. An diesem Tag findet eine Versammlung „im Namen des Herrn" statt. Origenes und Justin bezeichneten den Sonntag als den „achten Tag". Die acht ist in der jüdischen Terminologie ein Zeichen der Erfüllung. In 1. Kor 16,2 ist der Sonntag als Tag der Gemeinde bezeugt, an dem eine Liebestat für die Urgemeinde vollbracht wurde, indem man Geld für Jerusalem zurücklegte. Apg 20,7f. deutet auf eine Feier am Abend hin. Die Feier am ersten Tag der Woche betraf vor allem heidenchristliche Gemeinden. Plinius bezeugt gottesdienstliche Morgenversammlungen, in denen Lieder für Christus gesungen wurden. Die Feiern wurden mit den Erscheinungen des Auferstandenen verbunden. Seit wann das so ist, ist unklar. Der Sonntag wurde auf jeden Fall schon recht bald als kleines Osterfest verstanden. Seit 337 wurde die Einrichtung der Sonntagsfeier mit liturgischer Strukturierung Pflicht (pflichtgemäßes Feiern des Ruhetages und pflichtgemäßer Gottesdienst). Neben den Sonntag traten nach der Lehre der Didache der Mittwoch und der Freitag als Fastentage. In der Tradition der Passion stellt der Mittwoch den Tag des Verrats dar, der Freitag den des Todes Christi. Der Sonntag bildete aber trotz allem den Höhepunkt und wurde mit einer Eucharistiefeier begangen.

3. Das Festjahr

3.1 Der jüdische Festkalender – Das jüdische Feierjahr[44]

Nach dem zuvor Gesagten zu Sabbat und Sonntag gehen wir nun noch einen Schritt zurück und werfen einen kurzen Blick auf die lunaren Feste des jüdischen Kalenders. Die folgende Aufstellung, auf der alles weitere basiert, mag vorerst genügen:

Festtag	Thema	Datum	Datum i. Sonnenkalender
Rosch ha-Schana (Neujahrsfest)	Lev 23,24-25	1. Tischri	September-Oktober
Jom Kippur (Großer Versöhnungstag)	Lev 23,27-32	10. Tischri	September-Oktober
Sukkot (Laubhüttenfest)	Lev 23,34-43 Dtn 16,13-15	15./16. Tischri	September-Oktober
Simchat Tora (Fest der Freude an der Tora)		23. Tischri	September-Oktober
Purim (Fest der Lose)	Est 9,20-23	14. Adar	März
Pesach (Fest der ungesäuerten Brote)	Lev 23,5-14 Dtn 16,1-4	15.-22. Nissan	April
Jom ha'Sikaron (Gedenktag an den Holocaust)	SHOAH	27. Nissan	April-Mai
Schawuot (Erntefest)	Lev 23,15-21 Dtn 16,9-11	6./7. Siwan	Mai-Juni
Tischa be-Aw (Tempelzerstörung)	2. Kön 25,4	9./10. Aw	Juli-August

3.2 Pesach und Ostern

Feste dienten der Vergegenwärtigung der Heilstaten Gottes. Zugleich dienten sie aber auch als Vergewisserung, dass diese Heilstaten Zukunft freisetzen. Jedes Jahr ist ein Gang durch die Heilsgeschichte. Anfang und Ziel ist der Gott Israels, der die Geschichte in Gang gesetzt hat und handelt. Das alttestamentlich-jüdische Pesachfest ist der Wurzelgrund und der Kern des christlichen

---

44 Eine sehr ausführliche Darstellung bietet Gal-Ed, Efrat, Das Buch der jüdischen Jahresfeste, Frankfurt am Main – Leipzig 2001.

Osterfestes. Laut 1. Könige 18,26 ist Pesach eine kultische Handlung, in der die Priester um den Altar „hinken". Pesach ist ein vorisraelitisches und nomadisches Fest, das wahrscheinlich mit der Aufbruchssituation der Nomaden zu tun hatte. Israel hat dieses Fest theologisiert: Der Gott Israels ist einerseits der Verderber, andererseits der Verschoner (= Befreier), denn er befreite das Volk Israel aus der Knechtschaft in Ägypten. Ursprünglich war Pesach kein Wallfahrtsfest, wurde aber an einem bestimmten Datum gefeiert (Frühjahrsneumond). In Dtn 16,1-8 wird das Fest der ungesäuerten Brote mit dem Pesachfest verbunden, historisiert, theologisiert und mit dem zentralen Kultheiligtum zusammengebracht. Beide Feste gewannen zunehmend den Horizont des Opfers (sowohl im ersten Tempel als auch im zweiten Tempel). Die Feste symbolisierten nicht zuletzt die religiöse Einheit Israels als Volk. Das Pesachfest gewann auch erhebliche Bedeutung im häuslichen Bereich (vor allem nach der Zerstörung des Tempels). Belege dafür finden sich z.B. im Neuen Testament, wenn Jesus mit seinen Jüngern das Mahl hält.

Pesach kann auch Durchzug bzw. Übergang bedeuten: Nicht nur Gott geht vorbei, sondern auch Israel geht in der nächtlichen Feier vorüber. Vor allem in der nachexilischen Zeit gewinnt das Pesachfest auch eschatologische Bedeutung (vgl. 2. Chronik 30,5.9.13.25). Pesach wurde in der Nacht vom 14. zum 15. Nisan (im Frühlingsmonat) gefeiert. Während es an wechselnden Wochentagen begangen wurde, blieb der Sabbat auf einen Wochentag beschränkt. Am Nachmittag wurden die Lämmer im Tempel geschlachtet. Danach gab es ein Festmahl, das bis Mitternacht vorbei sein sollte. Am nächsten Tag begann das Mazzot-Fest, das Fest der ungesäuerten Brote. Hinter dem Fest stand die Vorstellung, dass die Israeliten *heute* vor ihrem Befreier stehen („... an *uns* und unseren Vätern ..."). Im liturgischen Vollzug wird das Vergangene in der Gegenwart präsent, Kommunikation bzw. Gemeinsamkeit, Gemeinschaft und Gottes befreiendes Handeln werden erfahrbar, d.h. der Gott Israels schafft für seine Menschenkinder eine gemeinsame Zeit – Heilszeit.

3.3 Vom Pesach zum Passah

Zeugnisse über eine jährliche Osterfeier gibt es erst ab der Mitte des 2. Jh. Die Synoptiker stellen das letzte Mahl Jesu als Passahmahl dar. Johannes bezeichnet Jesus gar als das Passah-Lamm, das zur neunten Stunde (= 15 Uhr) gestorben ist. Ähnlich beschreibt es der Apostel Paulus in 1. Kor 5,7: „Denn auch wir haben ein Passalamm, das ist Christus, der geopfert ist."

In Rom ist eine jährliche Osterfeier für 195 n. Chr. bezeugt. Eusebius berichtet über einen Brief des Irenäus, in dem es um einen Terminstreit bezüglich des Osterfestes ging. Eusebius berichtete, dass das Passahfest am 14. Nisan gefeiert wurde. In Rom, Alexandrien, Jerusalem und andernorts wurde es jedoch erst am darauffolgenden Sonntag gefeiert. Ab dem 3. Jh. setzte sich fast überall das sonntägliche Osterfest durch. Eine enge zeitliche und inhaltliche Verbindung mit dem jüdischen Pesachfest blieb zwar erhalten, aber neue Erfahrungen, die wohl mit den Erscheinungen des Auferstandenen zusammenhängen, spielten eine zunehmend größer werdende Rolle.

Passah ist eine gottesdienstliche Feier, die die ganze Nacht andauert und zwei Aspekte vereinigt: Leiden und Auferstehung. Der Feier geht das Fasten voraus. Die nächtliche Feier hat zwei Phasen: Die erste Phase besteht aus Trauer- und Bußfasten (= Leiden und Tod Christi), aus Lesung der Propheten, der Evangelien und der Psalmen sowie aus Auslegung des Gelesenen und Gehörten; die zweite Phase ist geprägt von der Eucharistiefeier und Agape, einem gemeinsamen Ausdruck, der dem Zeichen der Zusammengehörigkeit dient. Zwischen den beiden Phasen konnten auch Taufen der Katechumenen, der in die Gemeinde neu Aufgenommenen, stattfinden. Nach dem Ende der Osterfeier folgt die Pentekoste, die 50-tägige Freudenzeit (50 Tage mit Eucharistie, Freude und Jubel). Auch in dieser Nacht wurde ein „Hinübergehen" gefeiert. Hier ist es jedoch Jesus Christus, der vorübergeht und rettet und selbst einen Transitus vom Tod zum Leben, von der Knechtschaft in die Freude, vollzieht. Die Erwartung der Wiederkunft des Herrn wurde nun in das Fest integriert.

Entsprechende Überlegungen finden sich auch im Philipperhymnus (Phil 2,5-11). Zwei Bewegungen werden in ihm genannt: eine von oben nach unten und eine von unten nach oben, die zur Huldigung aller führt, d.h. es handelt sich hierbei um ein Geschehen, das zurückgeht und zum Vater führt. Die Feier bindet sich an den Namen Jesu Christi, der auf der Erde seinen Ort hatte und zugleich ganz und gar in den Himmel gehört. Im Hymnus wird ein Heilsgeschehen beschrieben, das globale Bedeutung hat. Zwei Handelnde kommen darin vor: zum einen Jesus Christus, der sich auslieferte, sich erniedrigte, sich töten ließ (passives Handeln), zum anderen der o θεος, der erhöht wird, der den Namen gibt und ein Geschehen in Gang setzt, das zum Bekenntnis bzw. zur Ehre Gottes führt. Der Philipperhymnus schildert, was im frühchristlichen Passah-Geschehen gehandelt wurde. Es wird in der dritten Person geredet von denen, die da handeln bzw. an denen gehandelt wird. Etwas von der angekündigten Zukunft wird schon jetzt wahrgemacht, Zukünftiges wird schon jetzt präsent. Die Singenden werden leibhaftig in die Heilsgeschichte des Passah mit hinein genommen. Der Lobpreis ist österliche Gabe, da er künftiges Leben schon jetzt präsent werden lässt. Die je verschiedenen Zeiten werden im Singen in die eine Zeit der Heilsgeschichte hinein geholt (auch die Lebenden und die Toten sind beieinander). Der Hymnus zeigt die neue Erfahrung des Christentums auf. Jesus Christus ist keine Konkurrenz für den Namen des Gottes Israels, aber eine Konkretisierung (Christologisierung der Liturgie) und wird als austauschbares Medium verwendet. Gott selbst wird im christlichen Glauben namenlos (o θεος). Im christlichen Bereich nahm man nun zunehmend vom jüdischen Gottesdienst Abstand.

3.4 Das christliche Festjahr

Feste erwachsen aus Erfahrungen heraus, z.B. aus Lebenserfahrungen oder gemeinschaftlichen Erfahrungen. Bestehende Feste können ihren Sinn verlieren und mit neuen Inhalten gefüllt bzw. umgedeutet werden.

Im Anschluß an Ostern folgt die 50-tägige Freudenzeit (= Pentekoste) (s.o.). Alle Tage wurden als Herrentage mit der Eucharistie begangen, als Feier der Gegenwart des Auferstandenen. Es wird das ganze Heilsgeschehen gefeiert, das als Einheit empfunden wird. In der Feier der Pentekoste wird die Gabe des Geistes jeden Tag neu vermittelt und als Mitauferstehen der Christen gedeutet. Vor Ostern entwickelt sich eine Vorbereitungszeit, die für das 2. und 3. Jh. bezeugt wird (Bußzeit als Buße für diejenigen, die eine „Kirchenbuße" abzuleisten haben, oder diejenigen, die getauft werden sollen und ein neues Leben beginnen). Die Länge der Vorbereitungszeit ist unterschiedlich. Schrittweise wurden alle Ereignisse, die ursprünglich in einer Passah-Nacht gefeiert wurden, lokalisiert. Mit Ende des 4. Jh. wird der 50. Tag allgemein als Pfingstfest benannt, der 40. Tag wird endgültig im 5. Jh. zum Tag der Himmelfahrt. Die Einheit der Christusverheißung wurde durch die Historisierung preisgegeben. Im Osten werden Ostern und Pfingsten sehr stark betont, während in der Westkirche vor allem das Opfergeschehen den Mittelpunkt bildet.

Mit Ostern wurde Jesus Christus zu dem, den man – neben Gottvater – anrufen konnte. Lieder des Evangelischen Gesangbuchs zeugen davon. So proklamiert das „Christe, du Schöpfer aller Welt" (EG 92) den Angerufenen (= Jesus Christus!) als den König und Schöpfer des ganzen Kosmos. Dieser löst die Ketten durch das Leiden, er gibt seinen Geist, seine Lebensmacht auf. Es handelt sich um ein Geschehen, das die Welt verändert. Darin verteidigt er sich und die Seinen mit den Waffen des Geistes.

3.5 Der Weihnachtsfestkreis

Der Weihnachtsfestkreis hat keine Beziehung zum jüdischen Festkalender. Es handelt sich um die Umdeutung eines Festes, das ursprünglich in einem völlig anderen Zusammenhang gefeiert wurde. Gegen Ende des 3. Jh. wird im Osten ein Fest der Epiphanie am 6. Januar gefeiert, im Westen hingegen wird der Geburt Christi am 25. Dezember gedacht. Beide Feste sind gekennzeichnet durch das sogenannte Natale- (= Geburts-) Motiv, „das Kaiser Marc Aurel (161-180) am 25. Dezember 274 zu Ehren des syr. Sonnengottes Emesa eingeführt hatte" (EKL IV 1238f.), zur Verherrlichung dessen, der da geboren ist. In Ägypten feierte man die Geburt des Sonnengottes. So begingen u.a. gnostische Sekten am 6. Januar eine Tauffeier. Im Westen feierte man hingegen das Fest des unbesiegbaren Sonnengottes (Sol invictus), das in Rom auf Christus übertragen wurde. Weihnachten ist vom Sonnenkalender, Ostern vom Mondkalender abhängig.

Weihnachten hat etwas mit Erinnerung bzw. Gedenken zu tun, der Transitus der Passah-Nacht hingegen wird „in sacramento" gefeiert.

Die folgende Darstellung bietet eine Übersicht über das Kirchenjahr in zwei Kreisen, dem Weihnachtsfestkreis und dem Osterfestkreis:

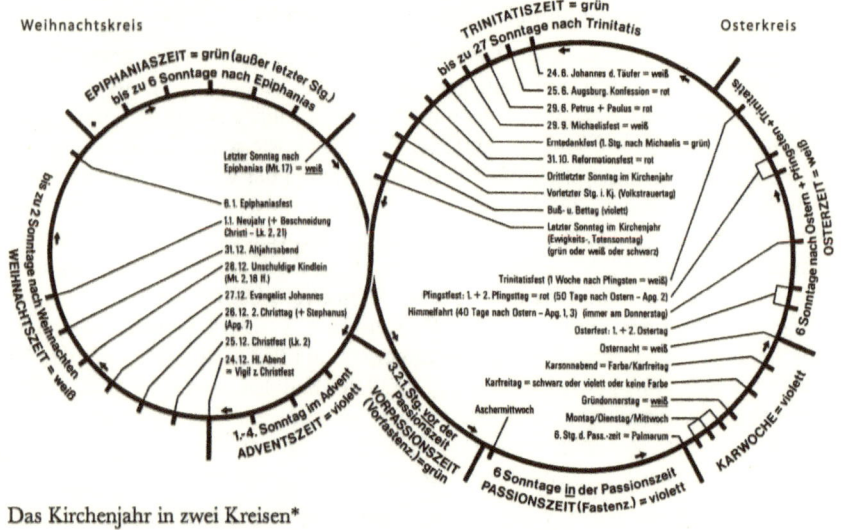

Das Kirchenjahr in zwei Kreisen*

* Joachim Stalmann, Tagesordnungspunkt Gottesdienst, Hannover ³1986, 173.

Das gesamte Kirchenjahr ist „ein Haus Gottes in der Zeit", eine „Wahrnehmungsgestalt der großen Taten Gottes". Ohne das Kirchenjahr und ohne die Sonntage geht gemeinsame Zeit im Sinne von gemeinsamer Geschichte bzw. Heilsgeschichte verloren.

4. Gottesdienst als gestaltetes Heilsgeschehen

4.1 Herrenmahl und Eucharistie

4.1.1 Herrenmahl und Eucharistie in der Alten Kirche

Die Dynamik der Heilsgeschichte führte vom alten zum neuen Bund und verband den alttestamentlich-jüdischen und neutestamentlich-christlichen Gottesdienst miteinander. Diese Dynamik bildet zugleich die Grundlage von Herrenmahl und Eucharistie. In dieser Heilsgeschichte geht es um Lebensgemeinschaft der Menschen mit Gott. Gott erwählt sie und nimmt sie an. Diese Lebensgemeinschaft gründet in einem einmaligen Gründungsereignis, dem Durchzug durch das Schilfmeer und der Gabe der Thora am Sinai für das Judentum und dem Passah Jesu, d.i. der Übergang vom Tod zum Geisttum, für das Christentum. Die Wiederherstellung des beschädigten bzw. zerstörten Bundes geschieht durch eine Zeichenhandlung, im Judentum durch die jährliche Pesachfeier und das Wochenfest, im Christentum durch das letzte Mahl Jesu, das im Gegensatz zum Pesach, das einen Rückblick darstellt, einen Jesus in den Mittelpunkt stellt, der noch lebt und sein Leiden vorwegnimmt. So kam es bei den Christen zu der Formulierung „durch Christus vermittelt über den Heiligen Geist", die einem Bekenntnis gleicht.

Die Normalgestalt der ersten christlichen Gottesdienste war vermutlich die wöchentliche Feier des Herrenmahls. Alles im Gottesdienst war auf diese Feier hingeordnet, das Herrenmahl bildete schlechthin das Zentrum der Gottesdienste der ersten Jahrhunderte. Auch an Gebetszeiten und Lesungen, wahrscheinlich auch an Missionsveranstaltungen wurde festgehalten. Der Gottesdienst wurde als Opfer verstanden. Charakteristisch waren seine stark eschatologische Dimension, die im Laufe der Zeit zurücktrat, sowie das Fehlen einer einheitlichen Form und der damit zusammenhängenden relativ geringen Verbindlichkeit. Anders als heute war der Gottesdienst nicht-öffentlich (Arkandisziplin), d.h. „nur wer definitiv in die Kirche eingetreten war, durfte ihrem Gottesdienst beiwohnen"[45]. Letzteres änderte sich erst im 4. Jh., als die Liturgie als ein cultus publicus diente. Dies führte zu einer Vergrößerung christlicher Gemeinden, aber auch zur Klerikalisierung der Liturgie und dem Rückgang der Laienbeteiligung, was im Spätmittelalter (1250-1500) oft zu einer „Privatfrömmigkeit" der Gemeindeglieder innerhalb der Liturgie führte. Verstärkt kam es nun zum Eindringen häretischer Auffassungen in die Liturgie und der daraus resultierenden zunehmenden Vereinheitlichung und Fixierung der liturgischen Formeln. Letzteres setzte sich fort, so dass die Gestaltung des Gottesdienstes am Beginn des kirchlichen Mittelalters zur Zeit Papst Gregors I. eine gewisse Abrundung erreicht hatte.

Seit dem 2. Jh. wurden der Mittwoch und der Freitag als Fastentage mit einem Morgengottesdienst (ohne Eucharistie) begangen (s.o.). Erst der Plinius-Brief berichtet, dass sich die Christen am Sonntag-Morgen zu einem Gottesdienst trafen. Die Feier des Herrenmahls blieb aber auch weiterhin die zentrale Handlung im Gottesdienst. Bei Justin dem Märtyrer (um 150) begegnet ein Gottesdienst am Sonntag-Morgen, der mit der Eucharistie zusammengelegt wurde. Der Name der gottesdienstlichen Versammlungen ist bis heute ganz unterschiedlich: Die Apostelgeschichte spricht vom „Brot brechen", der 1. Korintherbrief vom „Herrenmahl". Andere Bezeichnungen sind „sich versammeln" und „Darbringung". Der Begriff „Abendmahl" wurde von Martin Luther eingeführt. Der zuvor gebräuchliche Begriff war „Messe". Dieser seit dem 4. Jh. existierende Begriff war zunächst eine Bezeichnung für die Entlassung der Katechumenen, die nicht am Abendmahl teilnehmen durften, diente dann aber für die gesamte Feier. Das Wort „Eucharistie" (= Lobpreis bzw. Danksagung) stammt aus alttestamentli-

---

45   Bradshaw, Paul Frederick, a.a.O., 40.

cher Tradition und wurde zu einem Kernbegriff des Neuen Testaments. In der Ostkirche setzte sich der Begriff „Leiturgia" (= der Dienst) durch. „Officium" ist die dritte Bezeichnung der gottesdienstlichen Feier, die zunächst nur das Abendmahl bezeichnete, später das ganze gottesdienstliche Geschehen.

Die Elemente des urchristlichen Abendmahls sind erstens die Mahlfeier an sich und zweitens die Christus-Anamnese, eine Handlung, die verbunden wird mit einem Gedächtnis an die Heilstaten Christi. Ersteres beinhaltete die Einsetzungsberichte, den Segen, die Danksagung, das Brotbrechen und die Deutung von Brot und Kelch. Die Danksagung für das, was in Christus gekommen ist, das Singen von hymnischen Texten und die Auslegungen von Gesetz und Propheten umfasst letzteres. Jesus-Traditionen spielten sicher schon sehr früh eine Rolle. Die ersten Christen trafen sich in Häusern, nicht in speziell errichteten Synagogen. In diesen Gemeindeversammlungen ging es auch um bestimmte Regelungen und um die Fürsorge für Arme.

Zwischen der Eucharistie-Feier und dem Gemeindeleben bestand eine enge Wechselbeziehung. Die geschwisterliche Verbundenheit der Gemeindeglieder untereinander äußerte sich u.a. durch den „heiligen Kuss".

4.1.2 Vom Herrenmahl zur Eucharistiefeier

Die eher judenchristlich geprägte Didache, die Lehre der Apostel, enthält in den Kapiteln 9 und 10 eucharistische Gebete. Der Gottesdienst wurde vermutlich an einem Samstag-Abend gefeiert. In der Didache wird Jesus als Knecht bezeichnet. Es handelt sich dabei um ein Dankgebet an den Vater. Die Eucharistie verbindet christliche Erfahrung und jüdische Tradition. Vergangenheit, Gegenwart und Zukunft werden in dieser Feier repräsentiert. Die Formel „von den Enden der Erde" zeigt an, dass es sich hierbei um einen großen Horizont, um ein großes Blickfeld handelt. Es existieren mehrere Verweise und Parallelen zum Johannes-Evangelium. Die Eucharistie geschieht für die Getauften auf den Namen des Herrn. Nach der Eucharistie folgt ein Dank für den heiligen Namen, ein Dank dem Schöpfer, der alle speist, ein Dank für alles und nicht zuletzt ein Gedenken an die Kirche (eschatologischer Ausblick). Der Vers „geistliche Speise und Trank zum ewigen Leben" offenbart das Empfinden von etwas Neuem. Der 6. Vers beinhaltet eine Endzeithoffnung und die Sehnsucht auf ein nachirdisches Leben. Der Maranatha-Ruf am Ende („Komm!") bildet zugleich den Endvers des Neuen Testaments. Man rechnete damit, dass auch Propheten auftreten werden. Diese sollte man nicht unterbrechen und sie Dank sagen lassen „soviel sie wollen".

Die Texte von Justin und Hippolyt stammen aus hellenistisch-heidenchristlicher Tradition. Justin wurde um 165 als Märtyrer in Rom hingerichtet. Seine

Abendmahlsordnung stammt aus den Jahren um 150. Er beschreibt eine Herrenmahlfeier, die sich an eine Taufe anschließt. Der Getaufte darf nun an der Versammlung teilnehmen. Die Fürbitten werden abgehalten für sich selbst und für alle anderen. Es handelte sich um Fürbitten, die sich auf das Leben bezogen: Die Gebote sollten beachtet werden, um das ewige Leben zu erlangen. Im Anschluss an die Fürbitten folgte der „heilige Kuss". Danach wurden Brot und Wasser (oder Mischwein) dargebracht. Es gab einen Vorsteher, der die Gaben entgegennahm und das Dankgebet sprach („durch den Namen des Sohnes und des Heiligen Geistes"). Das anwesende Volk stimmte mit Amen zu. Alle Gemeindeglieder bekamen sodann Brot und Wein gereicht – auch die Abwesenden, die nicht am Gottesdienst teilnehmen konnten.

Das dreigliedrige jüdische Gebetsschema umfasst Preis, Dank und Bitte und schimmert bei Hippolyt noch durch und wurde hier zu einer durchgehenden Christusanamnese mit anschließender Bitte (Epiklese) umgeformt. Der Dank ist ein Rückblick auf das Christusgeschehen (Anamnese). Die Bitte ist die Bitte um den heiligen Geist und die Sammlung der Kirche sowie um die Gnade des Vaters (Epiklese). Die Danksagung am Anfang nennt man Präfation (Wechselsprüche zwischen Liturg und Gemeinde), die hier in die Anamnese und Epiklese einmündet.

Verschiedene liturgische Amtsträger hatten im Gottesdienst verschiedene Aufgaben. Es gab Diakone, Bischöfe und Presbyter. Es handelte sich hierbei um einen Gottesdienst, der (durch die Responsen, die Antworten der Gemeinde) von der ganzen Gemeinde mitgetragen wurde. Mit „Herr" ist die erste Person der Trinität gemeint (= Dankgebet für den Vater). Die Gläubigen leben in der Endzeit, die mit der Sendung des Sohnes begonnen hat. Jesus Christus ist Retter, Erlöser *und* Bote des göttlichen Willens, der Bringer der neuen Thora. Die Gläubigen bitten um die Überwindung von Tod, Teufel und Unterwelt (= Hölle) und um Erleuchtung der Gerechten. Die Erinnerung ermächtigt dazu, Brot und Kelch danksagend darzubringen (die Erinnerung mündet in ein Zitat der Einsetzungsworte). Danach folgt die Epiklese, die Bitte um den Geist. Der Geist wird erbeten „auf die Gabe deiner heiligen Kirche". Die Darbringung von Brot und Wein wird verbunden mit einer Gabe für die Armen.

Jesus Christus ist in diesem Geschehen ein „Mittler", d.h. alles Danksagen und Loben geschieht nicht unmittelbar vor Gott, sondern vermittelt durch ihn. Der Text, das Hochgebet Hippolyts, steht in der Gebetstradition des Neuen Testaments und der frühen Kirche. Das Gebet wurde im Anschluß an die Beschreibung der Bischofsweihe mitgeteilt.

Das Sättigungsmahl war zu dieser Zeit von der Eucharistiefeier getrennt. Es sind noch keine Rechtsverbindlichkeiten vorhanden, aber Ansätze zur Kanonisierung erkennbar. Die Gemeinden wurden in dieser Zeit allmählich größer, so dass sich eine gewisse Regionalisierung der Liturgie ausbildete. Im 3. Jh. entwickelten sich lokale liturgische Zentren und allmählich „Liturgiefamilien". Mehr und mehr setzte sich die Tendenz durch, dass sich ein Wortteil vor die

Eucharistie schob. Wortgottesdienste wurden ab dem 3. Jh. auf jeden Fall an jedem Sonntag, an Festtagen, bei Märtyrergedächtnissen und beim Gedenken an die Toten gefeiert. In den Städten wurden sie von den Bischöfen oder von den Presbytern geleitet. Hausgottesdienste gab es ab dem 4. Jh. nur noch mit bischöflicher Erlaubnis.

An der Eucharistiefeier haben seit der nach-apostolischen Zeit nur Getaufte teilgenommen, die nicht in grober Weise gegen die christliche Lebensweise verstoßen haben (die Eucharistiefeier setzte Grenzen). In der Eucharistie manifestierte sich Kirchen-, Glaubens- und Lebensgemeinschaft. Allmählich wandte sich das theologische Interesse weg von der Gegenwart des Auferstandenen in persona, hin zur Gegenwart des Auferstandenen in Brot und Wein.

4.1.3 Die römische Messe

Im Rom des 4. Jh. lebten bereits mehr als eine Million Menschen. Es gab viele Kulturen und verschiedene gottesdienstliche Gemeinschaften. Große Kirchen entstanden in großem Maß. Die Kirche trat in Konkurrenz zu den heidnischen Kulten. Der christliche Gottesdienst wurde zu einem „cultus publicus". Mit zunehmender Macht der Kirche entstand das Streben nach Prachtentfaltung und Würde. Der Bischofs-Gottesdienst gewann eine besondere Stellung. Der Bischof reiste viel herum und feierte mit den Gläubigen „Stationsgottesdienste". Auf diese Weise hielt er an der Einheit der Kirche fest. Die Gemeinde war in dieser Zeit an der Messfeier kaum beteiligt, da alle Aufgaben vom Klerus übernommen wurden.

Die Eucharistie wurde unterteilt in die Darbringung der Gaben mit Offertoriumsgesang (und Oration), die standesmäßig geordnet verlief, das Hochgebet (canon actionis), der zentralen Handlung innerhalb der Eucharistie, und das Genießen der Gaben, das das Vaterunser, den Austausch des Friedensgrußes und des Friedenskusses, die Brotbrechung (Erinnerung an das, was Jesus beim letzten Mahl tat), die Mischung aus Wasser und Wein (vgl. den Passionsbericht des Johannes) und einen Gesang, das Agnus Dei, der im 7. Jh. aus der syrischen Liturgie in die stadtrömische Liturgie übernommen und von einer Schola vorgetragen wurde, beinhaltete. Die Kommunion beinhaltete die Communio, einen Psalmengesang, der von einer Schola vorgetragen wurde und der eine Handlung begleitete. Die Eucharistie endete mit dem Auszug des Papstes und seiner Begleiter und dem Segenswunsch bzw. dem Entlassungsruf.

Der Gottesdienst hatte sich zu einem zweipoligen Geschehen entwickelt: Auf der einen Seite stand der Wortgottesdienst, wobei Homilie bzw. Textauslegung nicht immer erfolgten, auf der anderen Seite stand die Feier der Eucharistie, die aus drei Schritten bestand, wobei das Hochgebet besonderes Gewicht einnahm.

Die Gottesdienste beinhalteten Ordinarien, wiederkehrende Stücke (z.B. Gesänge), und das Proprium, das sind wechselnde Stücke wie z.B. Gesänge, Graduale, das Offertorium und die Communio. Die aktive Beteiligung der Gläubigen war stark reduziert.

Das Hochgebet entstand zwischen dem 3. und 6. Jh. Im Zentrum stehen die Einsetzungsworte. Im 6. Jh. wurde das Sanctus eingeführt, an das spätestens im 7. Jh. das Benedictus angefügt wurde. Das Sanctus wurde vermutlich von der Gemeinde mitgesungen. Im 9. Jh. spaltete sich das Dankgebet vom Zusammenhang des Kanons ab; Lob und Dank wurden zu einem Gebet, das der Priester leise sprach. Es handelte sich hierbei um Gebete, die an den Heiligen Geist gerichtet waren, um Opfergebete und um Fürbittengebete. Der Kanon stellte eine festgelegte Abfolge dieser Gebete dar. Der Gottesdienst ist nun nicht mehr Eucharistie, sondern Oblatio (= Opfer). Eine tiefgreifende Wandlung der Einsetzungsworte stellte sich ein. Zunehmend entstand ein Interesse daran zu erfahren, wann sich Brot und Wein in Leib und Blut Christi verwandelten (der Gebrauch von Dingen verändert sich im Vollzug). Zwei Verständnisse der Wandlung von Brot und Wein zu Leib und Blut Christi haben sich in der folgenden Zeit herausgebildet: Kyrill von Jerusalem (3. Jh.) lehrte, dass der Heilige Geist Brot und Wein in Leib und Blut Christi verwandele (Wandlungs-Epiklese). Dazu sei ein Gebet um den Heiligen Geist notwendig, der die Wandlung durch den Genuss der Gaben vollbringen möge. Dieses Verständnis hat sich zunehmend in der Ostkirche durchgesetzt. Im Westen setzten sich die Auffassungen von Ambrosius und Augustin durch: Die Wandlung wird durch die Worte Christi (im eucharistischen Hochgebet) bewirkt. Die Wandlungs-Epiklese war im 2. Jahrtausend nicht mehr in Gebrauch.

Im 5. bzw. 6. Jh. verlagerte sich der kulturelle Schwerpunkt vom Mittelmeerraum nach Norden. Pippin übernahm 754 die in Rom geltende Messordnung auch ins Frankenreich, vermutlich um der Einheitlichkeit des Reiches willen. Er traf die Entscheidung, diesen Gottesdienst in lateinischer Sprache zu belassen, die nicht Muttersprache der Franken war, sondern nur Sprache der Gebildeten. Im Zentrum des Gottesdienstes stand die Hostie, deren Wandlung durch den Kanon erfolgte. Die Gemeinde spielte auch hier so gut wie keine Rolle. Nach 1200 verschwindet der Kelch (u.a. aus Angst, das Blut Christi könnte verschüttet werden). Die Hostie rückte in den Mittelpunkt; das Fronleichnamsfest entstand (1246/64), an dem die Hostie verehrt wird. Die Wandlung wird mit den Einsetzungsworten vollzogen. Die Elevation, die Erhebung der Hostie, kann im Zusammenhang einer „Augenkommunion" erfolgen, d.h. am heiligen Geschehen teilzunehmen, indem man zuschaut. Es wurden liturgische Handlungen eingeführt, um die Gemeinde zu beschäftigen (vgl. hierzu die sogenannten „Armenbibeln" oder das sogenannte „Rosenkranzbeten"). Wichtig war nur, dass die Gläubigen der Wandlung beiwohnten. Die römisch-fränkische Mischform wurde zunehmend wieder aufgehoben und wanderte wieder in Rom ein, wo sie 1570 auf dem Ersten Trienter Konzil für die Gesamtkirche verbindlich gemacht wurde. Diese Gottesdienstordnung galt bis zum Zweiten Vatikanum (1968/69).

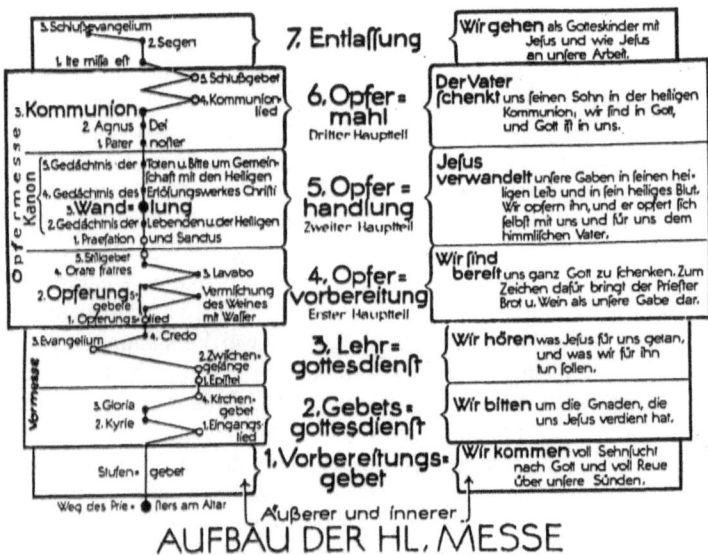

Entnommen aus: A. Schott, Das vollständige römische Meßbuch, Freiburg 1958 (Einlegetafel).

Die Propriumsgesänge sind überwiegend Psalmen. Rom kannte ursprünglich keine Hymnen. Nach dem Propriumsgesang folgt das Kollektengebet (Oration), das hier mit „Deus" und einer Beschreibung dessen, was der Angeredete getan hat oder wie er ist, eingeleitet wird. Danach folgt eine Bitte. Das Kollektengebet bringt das Thema des Gottesdienstes zur Sprache. Der Schluss des Kollektengebetes ist immer ein trinitarischer. Der Gottesdienst beinhaltet keine alttestamentlichen Lesungen, nur neutestamentliche (Epistel und Evangelium). Im Anschluss an die Epistel folgt das Graduale, ein Sologesang des Kantors, das meistens aus einem Psalmvers bestand (z.B.: „Oculi omnium in te sperant, Domine ..."). Die Graduale „antworten" auf die Lesung der vorhergehenden Schriftlesung. Im Anschluss an die Graduale erklingt das „Halleluja", das normalerweise auf das Evangelium hinführt. Bei Hochfesten wurde im Mittelalter die Sequenz gesungen, ein Folgegesang auf das Halleluja, der in Strophen gegliedert wurde. Die Sequenz „Lauda Zion" stammt von Thomas von Aquin und wird bis heute verwendet, z.B. beim Fronleichnamsfest. Durch die verwendet, z.B. beim Fronleichnamsfest. Durch die Gesänge wurde die jeweilige Theologie vermittelt, in diesem Fall die mittelalterliche Abendmahlslehre. Das Opfer, um das es hier geht, ist ein Lobopfer.

In Vers 4 der Sequenz treten Erinnerungen an das letzte Mahl Jesu auf (Anamnese). In den Versen 7 und 8 erfolgt eine deutliche Distanzierung vom jüdischen Passahmahl: „Der Wahrheit muß das Zeichen weichen." Die Wandlungslehre (Transsubstantiation) wird in den Versen 10 und 11 in Worte gefasst. In Vers 12 erfolgt eine deutliche Entgegensetzung von Verstand und Glauben. Die Verse 13, 14, 19 und 20 sagen aus, dass in jedem Teil der ganze Christus ungeteilt enthalten ist. Es ist daher nicht notwendig, dass die Gemeinde auch den Wein zu sich nimmt. Am Schluss (Vers 23) erfolgt ein eschatologischer Ausblick: Das „Hochzeitsmahl" wird ganz und gar in die Zukunft verlegt. Nach der Sequenz erfolgt die Evangelienlesung, die einen inhaltlichen Bezug zur Sequenz aufweist. Dieser Gottesdienst wurde im Mittelalter nicht mehr in der Muttersprache gefeiert und verlor infolgedessen seinen worthaft-sprachlichen Charakter. Mehr und mehr kam es zu einer Zurückdrängung der Gemeindebeteiligung (Gesänge, Akklamationen, Kommunion, Offertorium). An die Stelle des Offertoriums trat ein Spenden- und Opferwesen außerhalb des Gottesdienstes. Das wiederum führte dazu, dass Gottesdienste unter einem bestimmten Nutzen „bestellt" werden konnten. Dies ging einher mit einem deutlichen Verlust der Predigt: Der Zusammenhang von Verkündigung und aktuellem Wort sowie Eucharistie ging immer mehr verloren. Die priesterliche Handlung erlangte zunehmende Wichtigkeit.

Durch das Tridentinische Konzil wurde die Messe zu einer priesterlichen Opferhandlung. Die Wandlung der Elemente ist der Höhepunkt und das geheime Zentrum (Lehre von der Transsubstantiation, Realpräsenz in der Wandlung, bleibende Gegenwart). Es wurde die Lehre von der Messe als Lob-, Dank- und Sühnopfer proklamiert. Die Gläubigenkommunion ging aufgrund der rigiden Beichtpraxis stark zurück. So kam es zunehmend zu einer Individualisierung und Privatisierung des Gottesdienstes: Die Messen wurden nach Bezahlung gehalten und entwickelten sich zu nutzbringenden Werken. Angebot und Nachfrage regelten das Messwesen. Erst mit Pius III. (1503) änderte sich das wieder.

5. Gottesdienst als Wortgeschehen

5.1 Die Reformation

„Die Reformation brachte eine radikale Umkehr im Gottesverständnis und im Begriff des *opus Dei*. Nicht der Mensch dient Gott durch Werke und Opfer, sondern Gott dient dem Menschen durch Wort und Sakrament. Das ist das grundlegende Geschehen im Gottesdienst, darauf antwortet der Mensch mit dem Bekenntnis der Sünde, mit der Anrufung um Hilfe, mit Glauben und Lobpreis (vgl. Torgauer Formel, WA 49,588). Gnade und Vergebung sind nicht kirchlich-sakramental verfügbare Heilsgüter, sondern freies persönliches Geschenk Gottes, der den reuigen Sünder in Christus annimmt und ohne eigene Verdienste rechtfertigt. So steht mit dem Gottesdienst die Gottesbeziehung auf dem Spiel. Gott haben heißt immer auch einen Gottesdienst haben."[46]

Luther prüft die römische Messe an der evangelischen Rechtfertigungslehre. Daher richtet sich seine Kritik „in erster Linie gegen das katholische Verständnis des Meßopfers als eines verdienstlichen Werkes"[47]. Leider führte das auch dazu, dass Luther seiner Kirche den Abendmahlsteil als Torso hinterließ. Luthers Gottesdienstverständnis beschreibt Manfred Josuttis mit den Worten „antimeritorisch", d.h. gegen den Versuch gerichtet, das Sakrament als gutes Werk des Menschen Gott gegenüber anzusehen, „antisakramentalistisch, wenn auch nicht antisakramental", „antihierarchisch", bezogen auf das allgemeine Priestertum aller Gläubigen, „antireformistisch", d.h. „alle Fragen der rituellen Gestaltung [des Gottesdienstes haben] sekundäre Bedeutung, weil nur das Evangelium, das den Glauben schenkt, heilsnotwendig ist", „antispiritualistisch, weil er eine Verwechslung zwischen göttlichem und menschlichem Geist vermeiden will", und „antisubjektivistisch".[48]

Die Reformation reagierte auf die Probleme ihrer Zeit: „Die Visitationsberichte und Reformschriften sind voll von Klagen. [...] Man kam zu spät und ging wieder vor dem Ende. Die Männer trafen sich vor der Kirche, um erst beim Hauptlied vor der Predigt einzuziehen. Umgekehrt hielten sich die Musiker und Chorsänger während der Predigt in den benachbarten Gasthäusern auf. Die Prediger reagierten mit Ermahnungen, die Obrigkeit mit Ordnungsstrafen. Aber auch die Schließung der Stadttore und das Verbot von Bierausschank während des Gottesdienstes halfen auf die Dauer wenig. Schließlich tolerierte man das Verhalten stillschweigend und kürzte (in Hamburg z.B.) die Liturgie vor der Predigt. [...] Fast überall wurde über große Unruhe im Gottesdienst geklagt. Unterhaltungen mit dem Nachbarn, Dösen und Schlafen waren an der Tagesordnung. Mitunter nahmen die Störungen pennälerhafte Züge an. Man wird das sicher nicht verallgemeinern dürfen. Und doch sind die Berichte darüber und die amtlichen Gegenmaßnahmen Indizien für eine tiefgreifende Entfremdung zwischen Gottesdienst und Gemeinde. [...] In Leipzig, wo eine reiche Kirchenmusikkultur das gottesdienstliche Leben bestimmte, gab man (um 1710) den (auswärtigen) Gottesdienstbesuchern eine gedruckte Verlaufsbeschreibung in die Hand, die Anregungen enthielt, wie der einzelne Gläubige den Ablauf der Liturgie und der Kirchenmusik durch private Gebete und Andachtsübungen begleiten könne. Da das Auseinanderfallen von objektiver Liturgie und subjektivem Nachvollzug als unaufhebbar vorausgesetzt wurde, suchte man, mit derlei Hilfen einen privaten

---

46 Cornehl, Peter, Art. Gottesdienst, VIII. Evangelische Kirche, a.a.O., 54.

47 Bradshaw, Paul Frederick, a.a.O., 37.

48 Zu den Ausführungen vgl. im einzelnen Josuttis, Manfred, § 4: Theologie des Gottesdienstes bei Luther, in: Wintzer, Friedrich u.a., a.a.O., 32-43.

Ausgleich zu schaffen."[49] Die hier geschilderten Probleme existieren auch heute noch. Umso wichtiger ist es, gottesdienstliches Geschehen zu reflektieren und auf seinen Gehalt hin kritisch zu überprüfen.

Luthers Gottesdienst-Ordnungen sind eher konservativ. Nichtsdestotrotz entwickelte er ein völlig neues Gottesdienst-Verständnis. In seinen drei Schriften aus dem Jahr 1520, „Sermo von dem Neuen Testament, das ist von der Heiligen Messe", „Von der babylonischen Gefangenschaft der Kirche" und „An den christlichen Adel deutscher Nation", äußerte er grundsätzliche Kritik am mittelalterlichen Messverständnis. Das Wort Gottes ist laut Luther das Evangelium, d.h. frohe Botschaft. Was im Gottesdienst geschieht, ist worthaft, aber zugleich geschenkhaft. Es handelt sich um eine Gabe, die sich an Personen richtet. Luther lehnte Stillmessen und Votivmessen ab. Der Gottesdienst ist primär das Werk Gottes (Opus Dei), in dem die Communio und der Glaube geweckt und gestärkt werden. Der Liturg handelt von Gott her auf die Gemeinde zu. Er muß zunächst hören, was Gott ihm sagt. Das Wort wirkt, was es sagt. Der Gottesdienst am Sonntag hängt mit dem Gottesdienst im Alltag unmittelbar zusammen.

Im Laufe der Zeit bildeten sich vier folgenreiche Verengungen von Luthers Wortsinn heraus:
- Das Wort wird heute oftmals gleichgesetzt mit der Predigt. Die Predigt wird verstanden als Höhepunkt und Zentrum des evangelischen Gottesdienstes. Luther betonte, dass „Gott mit uns durch sein heiliges Wort" rede, wir redeten „mit ihm durch Gebet und Lobgesang". Gottes Wort als Evangelium ist immer Zuspruch, Anrede und Heilsvermittlung. Für Luther sind zunächst die Einsetzungsworte Gottes Wort. Auch ein Lied, das Gott lobt, kann Gottes Wort sein. Eine Höherschätzung der Predigt gegenüber dem Abendmahl lehnte er ab.
- Gottes Wort ist gleich Bibelwort. Luther betonte dagegen, dass Gottes Wort nicht das Wort der Bücher sei, sondern das Wort der Sprache, weil das gesprochene Wort die Seele spiegle.
- Ferner begegnet man heute häufig der Tendenz, das Wort Gottes als schriftlich fixierte Lehre zu verstehen. Luther betonte, dass es sich um einen Anredevorgang handele, der durch das Gehör aufgenommen werde. Das Wort ist prinzipiell Stimme (= Klang). Der Klang entscheidet mit über den Sinn des Gesagten. Der Klang gehört laut Luther unmittelbar zum Wort dazu. Luther räumt prinzipiell dem Mündlichen gegenüber dem Schriftlichen Vorrang ein. Die musikalische Dimension ist in Luthers Wortverständnis konsequenterweise von Anfang an mit eingeschlossen.

---

49 Cornehl, Peter, Art. Gottesdienst, VIII. Evangelische Kirche, a.a.O., 58f.

- Auch die Beschränkung des Wortes auf die objektive Lehre ist von Luther nicht intendiert. Das Evangelium habe laut Luther die Tendenz, zum Lob Gottes anzustacheln. Daher trifft die Theologie notwendigerweise auf die Musik.

Luther hielt an der Form der Messe fest. In seiner Formula Missae (1523) betonte er, dass man nicht alles im Gottesdienst verstehen müsse. Es komme vielmehr darauf an, den Gottesdienst als einen Geschehenszusammenhang zu begreifen.

In der Feier der Eucharistie bleibt vom Hochgebet (canon actionis) nur noch die Präfation übrig. Auch das Offertorium fällt bei Luther weg. Die Elevation behält er „um der Schwachen willen" bei, da sie für viele das wichtigste im Gottesdienst war. Bei seiner Gottesdienst-Gestaltung nahm er Rücksicht auf die Gefühle der Glaubenden. Die Einsetzungsworte werden im Gebetston rezipiert. Jedem wird zugesagt „für dich gegeben". Luther führte zudem den Aronitischen Segen ein im Gegensatz zum trinitarischen Segen. Alles, was in irgendeiner Form nach Opfer klang, wurde von ihm aus der Liturgie getilgt.

Die Deutsche Messe (1526) war etwas völlig anderes. Hierbei handelte es sich um einen Gottesdienst für „Laien", für die Einfältigen und die Jugend und alle, die gereizt werden sollen, in den Gottesdienst zu gehen. Insofern kann die Deutsche Messe durchaus als Vorläufer heutiger moderner Gottesdienstformen angesehen werden.

Luther will beide Messformen nebeneinander gelten lassen. Er erhob nicht den Anspruch, eine allgemeinverbindliche Gottesdienstordnung aufzustellen. Luther dachte außerdem noch an eine dritte Gottesdienstordnung für diejenigen, „die mit ernst Christ sein wollen". Im Augenblick seiner Zeit sah er hierzu jedoch keine Möglichkeit.

Mit Luther fand das deutsche Gemeindelied Einzug in die Gottesdienstordnung. Dieses hat er als unverzichtbar niedergeschrieben. Die Lieder der Gemeinde ersetzten die Ordinarien- und Propriumsgesänge. Das Gemeindelied ist gottesdienstlicher Vollzug des Priestertums aller Glaubenden.

Der Wortteil war ziemlich stark an der abendländischen Messordnung orientiert. Die Deutsche Messe hatte jedoch einen starken Bezug zum Bibeltext, war aber zugleich auch sehr stark aktuell orientiert. Die Predigt wurde obligatorisch.

Auch der Abendmahlsteil ist bei Luther vom Wort geprägt. Das Offertorium entfällt. Es folgt keine Präfation, sondern eine Anrede an die Gemeinde, die aus einer Auslegung resp. Paraphrase des Vaterunser und einer liturgisch festgelegten Abendmahlsvermahnung besteht. Die Einsetzungsworte werden im Evangelienton gesungen, nicht wie in der Formula Missae im Orationston. Eng mit Luthers Wahl der musikalischen Form hängt eine theologische Aussage zusammen. Somit kam es zu einer Abkehr von der römischen Messe des Mittelalters. Der eigentlich Handelnde ist Christus. Die Elevation wurde beibehalten, da sie den Gedanken an Christus ausdrücken sollte. Männer und Frauen nahmen die Gaben getrennt entgegen. Ursprünglich sollte das Brot direkt nach den Einsetzungsworten verteilt und erst danach der Segen über dem Kelch gesprochen werden. Da dies jedoch nicht durchsetzbar war, brach Luther mit der liturgischen Tradition.

Die einzelnen Gemeindeglieder haben als integraler Bestandteil des Gottesdienstes hohe Bedeutung, das liturgische Geschehen wurde von ihnen mitgestaltet (hierin wird das Priestertum aller Gläubigen erfahrbar). Die überlieferten Traditionen wurden von Luther aufgelockert, teilweise auch zerstört (vor allem im eucharistischen Gebetsteil).

Zwingli und die reformatorische Tradition knüpften an den mittelalterlichen Predigtgottesdienst an. Hier wurden kurze katechetische Stücke mit der Predigt verbunden. Das Abendmahl wurde nur an herausgehobenen Tagen im Kirchenjahr gefeiert (laut Zwingli viermal im Jahr, laut Calvin einmal im Monat). Der Abendmahlstisch befindet sich in der Mitte der Kirche. Von dort werden die Gaben an die sitzende bzw. stehende Gemeinde gereicht, die dann ihrerseits die Gaben weitergibt. Damit ist eine Stärkung der Gemeinschaft intendiert.

Mit der Aufklärung ging die Zahl der Gottesdienstbesucher kontinuierlich zurück. So gibt es schon seit dem 17. Jh. „Klagen über abnehmenden Gottesdienstbesuch, die von nun an nicht mehr verstummen. Im Mittelpunkt der Aufmerksamkeit stand die *Sonntagsheiligung*. Hier kämpften die Kirchen an einer Doppelfront gegen Sonntagsarbeit und Fernbleiben vom Gottesdienst. Auf der einen Seite führte die Ausweitung der Arbeitszeit im Zuge der ökonomischen Produktivitätssteigerung im Merkantilismus zur Abschaffung mancher bislang arbeitsfreier Feiertage und gefährdete die Sonntagsruhe. Auf der anderen Seite wuchs das Bedürfnis nach Entspannung und Freizeit. Und der Wunsch, den Sonntagmorgen anderswo als in der Kirche zu verbringen, traf zumindest in den Städten auf ein vermehrtes Angebot alternativer Sonntagsbeschäftigungen. Dennoch blieb der institutionelle Rahmen der altprotestantischen Gottesdienstkultur bis in die zweite Hälfte des 18. Jh. hinein im wesentlichen intakt, wenn auch die Totalintegration nicht mehr überall wirklich erreicht wurde."[50] „Die Krise des Gottesdienstes beruhte primär auf einem Plausibilitätsverlust der tragenden theologischen Grundanschauungen."[51] Stattdessen kam es vermehrt zu einer emotionalen und religiösen Verarmung in Folge der auf Moralismus und Schulmeisterei ausgerichteten Gottesdienstpraxis. Von nun an besuchte nur noch eine Minderheit Sonntag für Sonntag den Gottesdienst, während sich die Mehrheit mit einem Gottesdienstbesuch „an den *hohen Feiertagen des Jahres* und an den *hohen Festen der Familie*"[52] begnügte.

Gleichzeitig schaffte es die lutherische Kirchlichkeit in ihrem Einflußbereich, den Gottesdienstbesuch im 18. und 19. Jh. wieder zu stabilisieren. „Die Bewahrung der Tradition, die Objektivität einer kirchlichen Welt, in der Autorität, Amt und Bekenntnis noch galten, all das hat viele Zeitgenossen angezogen, die von der modernen Entwicklung verunsichert und vom Subjektivismus abgestoßen waren. Ihnen lieferte die Gottesdienstpraxis des Luthertums eine klare Orientierung und eine antimodernistische Gegenwelt als Heimat."[53]

5.2 Der evangelische Gottesdienst der Gegenwart

Die Ordnung des evangelischen Gottesdienstes kam im Rahmen einer Gottesdienstreform 1999 zum Abschluss. Das „Evangelische Gottesdienstbuch", das erste gemeinsame Gottesdienstbuch der Evangelischen Kirche der Union (EKU) und der Vereinigten Evangelisch-Lutherischen Kirche Deutschlands (VELKD), ordnet als Agende die Struktur des Gottesdienstes.

Als wesentliche Kriterien gelten folgende:

- Die ganze Gemeinde ist an der Feier des Gottesdienstes beteiligt („Der Gottesdienst wird unter der Verantwortung und Beteiligung der ganzen Gemeinde gefeiert."[54]). Der Pfarrer ist kein Alleinunterhalter.

- Der Gottesdienst ist offen für Veränderungen und lässt Freiraum für Gestaltungsmöglichkeiten („Der Gottesdienst folgt einer erkennbaren, stabilen Grundstruktur, die vielfältige Gestaltungsmöglichkeiten offen hält."[55]).

---

50 Cornehl, Peter, Art. Gottesdienst, VIII. Evangelische Kirche, a.a.O., 59f.
51 Ebd., 61.
52 Ebd., 63.
53 Ebd., 67.
54 Kirchenleitung der Vereinigten Evangelisch-Lutherischen Kirche Deutschlands (Hg.), Evangelisches Gottesdienstbuch. Agende für die Evangelische Kirche der Union und für die Vereinigte Evangelisch-Lutherische Kirche Deutschlands, Berlin ²2001, 15.
55 Ebd.

- Texte aus der Gegenwart werden mit Texten aus der Tradition in Einklang gebracht („Bewährte Texte aus der Tradition und neue Texte aus dem Gemeindeleben der Gegenwart erhalten den gleichen Stellenwert."[56]).
- Der Gottesdienst ist für den gesellschaftlichen Wandel offenzuhalten. „Man war bereit, sich auf die neue Situation einzulassen, sich mit den besten Kräften der Moderne zu verbünden, wenn es galt, die Aktualität des Evangeliums in den Kämpfen und Zweifeln der Gegenwart zu bezeugen."[57]
- Der Gottesdienst ist ökumenisch ausgerichtet („Der evangelische Gottesdienst steht in einem lebendigen Zusammenhang mit den Gottesdiensten der anderen Kirchen in der Ökumene."[58]). Liturgische Elemente anderer Konfessionen können in ihn aufgenommen werden.
- Der Gottesdienst soll ein Fest für die ganze Familie sein. Niemand darf ausgegrenzt werden („Die Sprache darf niemanden ausgrenzen; vielmehr soll in ihr die Gemeinschaft von Männern, Frauen, Jugendlichen und Kindern sowie von unterschiedlichen Gruppierungen in der Kirche ihren angemessenen Ausdruck finden."[59]). Dennoch entzieht sich „vor allem die junge Generation [...] zunehmend einem Gottesdienst, in dem sie mit ihren Interessen und Anliegen nicht mehr vorkommt."[60]
- Der Gottesdienst ist keine Vorlesung. Der Gottesdienst ist ein Geschehen, das auf alle Sinne ausgerichtet ist („Liturgisches Handeln und Verhalten bezieht den ganzen Menschen ein; es äußert sich auch leibhaft und sinnlich."[61]).
- Die Verbundenheit mit dem Volk Israel und das Wissen um die Wurzeln des Christentums im Judentum äußert sich im Gottesdienst („Die Christenheit ist bleibend mit Israel als dem erstberufenen Gottesvolk verbunden."[62]).

Christian Grethlein nennt das „Christusbezogenheit", „Verständlichkeit und Gemeinschaftsdienlichkeit" und „Lebensbezug". Das versteht er unter Kriterien des christlichen Gottesdienstes.

---

56 Ebd.
57 Cornehl, Peter, Art. Gottesdienst, VIII. Evangelische Kirche, a.a.O., 66.
58 Kirchenleitung der Vereinigten Evangelisch-Lutherischen Kirche Deutschlands (Hg.), a.a.O.
59 Ebd., 16.
60 Cornehl, Peter, Art. Gottesdienst, VIII. Evangelische Kirche, a.a.O., 78.
61 Kirchenleitung der Vereinigten Evangelisch-Lutherischen Kirche Deutschlands (Hg.), a.a.O.
62 Ebd.

Der evangelische Gottesdienst besteht aus vier Abschnitten. Diese vier Abschnitte beinhalten je eigene gottesdienstliche Teile:

- Eröffnung und Anrufung
  - Orgelvorspiel
  - Begrüßung
  - Eingangslied
  - Psalm
  - Ehre sei dem Vater (Gloria patri)
  - Sündenbekenntnis
  - Herr, erbarme dich (Kyrie)
  - Gnadenverkündigung
  - Ehre sei Gott (Gloria)
  - Salutatio
  - Kollektengebet

- Verkündigung und Bekenntnis
  - Schriftlesung
  - Glaubensbekenntnis
  - Wochenlied
  - Predigt
  - Predigtlied

- Abendmahl
  - Lobgebet (Präfation)
  - Dreimalheilig (Sanctus)
  - Vaterunser
  - Einsetzungsworte
  - Christe, du Lamm Gottes (Agnus Dei)
  - Austeilung
  - Danksagung
  - Dankgebet
  - Abendmahlslied

- Sendung und Segen
  - Abkündigungen
  - Fürbittengebet
  - Vaterunser (wenn kein Abendmahl)
  - Lied
  - Segen
  - Orgelnachspiel / Musik zum Ausgang

IV. Die Liturgie

Die Ausführungen über die einzelnen liturgischen Elemente des Gottesdienstes müssen in gebotener Kürze dargestellt werden. Konzentrieren möchte ich mich im Rahmen dieser Arbeit vor allem auf den Eingangsteil, und hier vor allem auf das Votum, die Salutatio und das sogenannte Confiteor.

1. Die Struktur im einzelnen

1.1 Vor dem Gottesdienst

1.1.1 Glockengeläut

Das Glockenläuten soll die Menschen an Gott erinnern (die Glocke als Signalinstrument). Darüber hinaus soll das Glockenläuten die Menschen zum Gottesdienst einladen und auf den Gottesdienst einstimmen. Zugleich werden andere Menschen daran erinnert, dass sich Menschen in der Kirche versammeln. Das Glockenläuten während des Vaterunsers ist eine Einladung, mitzubeten (Ruf zum Gebet). Nicht zuletzt soll das Glockengeläut die Herzen öffnen, „damit man die Predigt Göttlichen Wortes fleißig zuhören könne, umb die Seele zu erwecken, und ihr Heyl zu besorgen"[63].

1.1.2 Stilles Gebet

Das stille Gebet ist Öffnung zu Gott hin und zu sich selbst. Es schafft ein Gegenüber und macht deutlich, dass man auf Gottes Wort hören will. Zugleich beinhaltet es den Dank für die vergangene Woche und die Bitte um den Segen für die kommenden Tage. Im Vollzug des Betens kommt zum Ausdruck, dass wir Empfangende sind. Das Gebet ist eine Handlung, die in sich wirksam ist und insofern kein Zeichen, das durch Passivität gekennzeichnet wäre.

1.2 Eröffnung und Anrufung

„Der Eingangsteil dient dazu, dass alle, die mit ihren persönlichen Erwartungen und Bindungen zum Gottesdienst gekommen sind, ʻin der Schar derer, die da

---

63 Glockenweihpredigt aus dem Jahr 1747, zit. nach: Raschzok, K., Lutherischer Kirchenbau und Kirchenraum im Zeitalter des Absolutismus. Dargestellt am Beispiel des Markgraftums Brandenburg-Ansbach 1672-1791, Teil 1, Frankfurt 1988, 488, zit. in: Josuttis, Manfred, Der Weg in das Leben. Eine Einführung in den Gottesdienst auf verhaltenswissenschaftlicher Grundlage, Gütersloh ²1993, 65.

feiern' (Ps 42,5), offen und bereit werden für Zuspruch und Anspruch der jetzt folgenden Wortverkündigung."[64]

1.2.1 Musik zum Eingang / Orgelvorspiel

Das Orgelvorspiel dient bereits der Verkündigung. Es führt auf die Begrüßung und das Eingangslied hin und ist ein wesentlicher Bestandteil des Gottesdienstes. Allerdings dient Orgelmusik nicht in erster Linie der besonders feierlichen Ausgestaltung des Gottesdienstes. Vielmehr will sie den Gesang der Gemeinde verstärken. An die Stelle des Orgelvorspiels können auch Chorgesang oder Instrumentalmusik treten.

Während der Eingangsmusik kann ein Einzug der Liturgen erfolgen. Die Gemeinde erhebt sich, weil der Priester – nach katholischer Auffassung – als Stellvertreter Gottes fungiert, oder weil das Wort Gottes, die Heilige Schrift, Einzug hält.

1.2.2 Das Votum

„Der nach dem Vorbild des Taufbefehls (Mt. 28,19) und der sonstigen neutestamentlichen Namen-Formeln (z.B. Kol. 3,17) geprägte trinitarische Eröffnungssegen [...] ist als Segnungsformel schon im frühen Mittelalter gebraucht worden und im 11./12. Jahrhundert in einzelnen Meßordnungen nachweisbar. [...] Er fehlt [mit dem Confiteor] in Luthers Formula Missae und in seiner Deutschen Messe, ebenso in den Ordnungen Bugenhagens."[65]

Die Formel „(Wir beginnen diesen Gottesdienst) Im Namen (Gottes) des Vaters und des Sohnes und des Heiligen Geistes" und die Antwort der Gemeinde mit „Amen" machen deutlich, in wessen Namen wir den Gottesdienst feiern. Gott ist der feierliche Gastgeber. Nicht der Mensch steht im Mittelpunkt, sondern Gott. Das eigene Leben wird in Beziehung zu Gott gesetzt. Unterbleibt diese Form der Begrüßung, tritt letztlich der Liturg an die Stelle Gottes als Gastgeber. „Die Formel [...] ist aus altem römischem Empfinden erwachsen, wonach eine öffentliche Versammlung formell eröffnet und beschlossen werden muß."[66] Es ruft „'der versammelten Gemeinde ... die Gegenwart des Herrn ins Bewußtsein'

---

64 Kirchenleitung der Vereinigten Evangelisch-Lutherischen Kirche Deutschlands (Hg.), a.a.O., 32.

65 Klaus, Bernhard, Die Rüstgebete, in: Müller, Karl Ferdinand und Walter Blankenburg (Hg.), Leiturgia. Handbuch des evangelischen Gottesdienstes, Zweiter Band: Gestalt und Formen des evangelischen Gottesdienstes, I. Der Hauptgottesdienst, Kassel 1955, 587.

66 Albrecht, Christoph, a.a.O., 59.

(AEM 28) und mach[t] deutlich, daß er als der Hohepriester des Neuen Bundes mitten unter uns ist"[67].

1.2.3 Die Salutatio

„Die Salutation hat ihre Wurzeln in der ältesten Christenheit."[68] Sie begegnet „innerhalb der vorkonziliaren römischen Messe nicht weniger als neunmal"[69]. „Luthers Formula Missae erwähnt sie nicht, aber wohl nicht aus grundsätzlicher Ablehnung. In der Deutschen Messe 1526 ist sie gestrichen, ebenso in den Kirchenordnungen des Typus Bugenhagen."[70] Der Wunsch nach Heil, der sich in dem Ausruf „Der Herr sei mit euch" konkretisiert, wird von der Gemeinde mit „und mit deinem Geist", d.h. „und mit dir" (vgl. Lk 1,47), beantwortet und schon „von Chrysostomus als feststehende Ordnung mehrfach bezeugt"[71]. In altkirchlicher Zeit war sie „in Ägypten und Äthiopien, in Rom, Mailand und Spanien verbreitet"[72]. In der Wechselseitigkeit wird deutlich, dass Grüßen hier mehr ist als nur das, was Menschen einander zusprechen, wenn sie sich auf der Straße begegnen. Grüßen meint „einander das Heil geben. Damit rückt die Salutation in engste Nachbarschaft zur Kommunion, ist Gabe und Gegengabe von Segen, anderen Segenshandlungen zumindest gleichwertig."[73] „Der gottesdienstliche Gruß schließt immer ein(en) Seg(n)en mit ein. Und umgekehrt kann der gottesdienstliche Segen die Gestalt eines Grußes annehmen."[74] Aufgrund der Zunahme der Zahl der im Gottesdienst handelnden Personen kam es schon sehr bald zu einer Häufung der Salutationen (s.o.).

---

67   Adam, Adolf und Rupert Berger, Pastoral-Liturgisches Handlexikon, Freiburg – Basel – Wien 1980, 56.
68   Mauder, Albert, I. Vorbereitung / 1. Begrüßung / Salutation, in: Schmidt-Lauber, Hans-Christoph und Manfred Seitz (Hg.), Der Gottesdienst. Grundlagen und Predigthilfen zu den liturgischen Stücken, Stuttgart 1992, 30.
69   Ebd., 29.
70   Klaus, Bernhard, a.a.O., 577.
71   Mauder, Albert, a.a.O., 30. Sehr bald kam es zu einem Nebeneinander der beiden Grußformeln „Der Herr sei mit euch" und „Friede sei mit euch". Erst kurz vor der Jahrtausendwende kam es zu der Regelung, „wonach das »pax vobis« den Bischöfen zur feierlichen Erstbegrüßung der Gemeinde an besonderen Festen vorbehalten wird (salutatio episcopalis), während die Priester auf das »dominum vobiscum« beschränkt werden (salutatio sacerdotalis). Dabei bleibt es bis zur Liturgiereform im Gefolge des 2. Vaticanums." (ebd.). Vgl. auch Klaus, Bernhard, a.a.O., 571: „Eirene [= Friede] bezeichnet [...] die Fülle des eschatologischen Heiles, die endzeitliche Rettungstat und Neuschöpfung Gottes in ihrer Ganzheit, die in Christus angebrochen ist."
72   Klaus, Bernhard, a.a.O., 574.
73   Mauder, Albert, a.a.O., 33.
74   Klaus, Bernhard, a.a.O., 570.

Bei der Salutatio geht es um die gegenseitige persönliche Fürbitte und Segnung, die der Liturg / die Liturgin und die Gemeinde betonen, um „Gemeinschaft im Herrn [und] die Einheit im Geist"[75]. „In der Salutatio sprechen Liturg und Gemeinde die Heilskraft des Herrn, den sie gemeinsam angerufen haben, einander zu"[76], denn segnen kann nur der, der selbst gesegnet wird.

Der Gruß „Der Herr sei mit euch" begegnet im Alten wie im Neuen Testament: Richter 6,12; Ruth 2,4; Chronik 15,2; Lukas 1,28; 2. Thessalonicher 3,16. In diesem Gruß wird die Gegenwart des Herrn zugesprochen. Die Antwort „und mit deinem Geist" begegnet ebenfalls im Neuen Testament: Galater 6,18; Philemon 25; 2. Timotheus 4,22. Der Gruß „bezieht sich auf den Fortgang des Gottesdienstes und zielt darauf ab, die göttliche Macht, die jetzt Einzug gehalten hat, der Lebenswirklichkeit aller Anwesenden zugutekommen zu lassen. Vorausgesetzt ist dabei, daß die Ergriffenheit durch die heilige Atmosphäre nicht selbstverständlich geschieht. Vorausgesetzt ist wahrscheinlich sogar, daß die Anwesenheit des Heiligen auf jeden Fall nicht ohne Wirkungen bleibt. Wenn der wechselseitige Wunsch nicht erfüllt wird oder aus irgendwelchen Gründen mißlingt, kann das bevorstehende Geschehen auch schädliche Folgen haben."[77] „Das älteste Zeugnis für die »gottesdienstliche« Verankerung eines Grußes dürfte 1. Kor 16,20ff sein."[78]

Da die Salutatio „nicht primär Begrüßung [ist], sondern [Christus-] Akklamation, [...] muß sie nicht möglichst nahe bei Anfang und Schluß stehen"[79] und begegnet vielerorts (noch) unmittelbar vor dem Kollektengebet. Die Salutatio ist nur insofern Gruß als dass sie ein Gruß in Vergegenwärtigung eines dritten ist: Ich grüße in der Gegenwart Gottes bzw. Christi. Der Eintrittsgruß erhielt seinen Platz vor der Kollekte, „weil der Liturg mit dem die litaneiartigen Bitten zusammenfassenden Kollektengebet zum erstenmal in Aktion trat"[80]. Da wo beide Teile der Salutation vom Pfarrer allein (gesprochen oder) gesungen werden, da kommt es dann zu der Wendung „und mit seinem Geist".

Zu den Alternativen im Wortlaut vgl. u.a. 2. Kor 13,13.

1.2.4 Die (persönliche) Begrüßung

An die Salutatio kann sich eine persönlich gehaltene Begrüßung anschließen, die etwas von der Freude zum Ausdruck bringt, „die allem Volke widerfahren wird" (Lk 2,10). In einigen Gemeinden ist es üblich, den jeweiligen Wochen-

---

75 Mauder, Albert, a.a.O., 31.
76 Josuttis, Manfred, Der Weg in das Leben, a.a.O., 234.
77 Ebd., 235.
78 Mauder, Albert, a.a.O., 32.
79 Ebd., 34.
80 Klaus, Bernhard, a.a.O., 576.

spruch zu verlesen, etwas zum Gottesdienstablauf zu sagen, besondere kirchliche Anlässe zu bedenken, aktuelle Ereignisse zu berücksichtigen und besondere Zielgruppen zu begrüßen.

Gelegentlich folgt als Fortsetzung des liturgischen Grußes die Gebetsformel: „Unsere Hilfe steht im Namen des Herrn, der Himmel und Erde gemacht hat" (Ps 124,8). Christen verstehen sich als Menschen, die der Hilfe Gottes bedürfen.

1.2.5 Das Vorbereitungsgebet (Confiteor) / Sündenbekenntnis[81]

„Auch das Bekennen der eigenen Schuld vor dem Angesicht Gottes ist letztlich eine Form, Gottes Größe und Güte zu preisen. Allerdings darf das Schuldbekenntnis nicht in dem Sinne mißverstanden werden, als solle so der Mensch in seiner Würde erniedrigt werden. Der Mensch ist kein Sklave Gottes, Selbsterniedrigung keine Vorbedingung für Vergebung. Im Gegenteil: nach christlichem Verständnis kann der Mensch auch im Bekennen seiner Schuld vertrauensvoll und aufrecht vor Gott stehen."[82]

Dass menschliches Tun nicht frei von Sünde und Schuld ist, kommt im Sündenbekenntnis zum Ausdruck. Das Sündenbekenntnis, das in einigen Agenden heute ganz am Anfang des Gottesdienstes steht und als „Rüstgebet der Gemeinde" (so luth. Agende I) verstanden wird, „ist aus den privaten Vorbereitungsgebeten auf den Gottesdienst und Kommunionempfang hervorgegangen, die schon in der Didache (14,1) anklingen. Im Mittelalter entwickelte sich daraus der »Akzeß« der Kleriker, d.h. ein Komplex von Vorbereitungsgebeten beim Gang zum Altar."[83] Deshalb setzt das Bekenntnis fort: „Vor Gott erkennen wir, daß wir

---

81 Vgl. Kirchenleitung der Vereinigten Evangelisch-Lutherischen Kirche Deutschlands (Hg.), a.a.O., 493: „Entstanden ist dieses Gebet am Anfang des Gottesdienstes durch die reformatorische Umformung des priesterlichen Vorbereitungsgebetes der Messe (Confiteor) in ein Vorbereitungsgebet der versammelten Gemeinde. [...] Kennzeichnend ist die dialogische Form dieses Gebets: Einer Anrede an die Gemeinde, die mit der Aufforderung schließt, Gott um Vergebung zu bitten, folgt eine von der Gemeinde (mit-)gesprochene kurze Vergebungsbitte. Diese kleine Bußliturgie zu Beginn des Gottesdienstes endet herkömmlich mit einem kurzen Gebet [...]."

82 Schützeichel, Harald, Die Feier des Gottesdienstes. Eine Einführung, Düsseldorf ²1998, 125.

83 Jordahn, Ottfried, 3. Sündenbekenntnis, in: Schmidt-Lauber, Hans-Christoph und Manfred Seitz (Hg.), a.a.O., 57. Vgl. auch Jungmann, Josef Andreas, Missarum Sollemnia. Eine genetische Erklärung der römischen Messe, Erster Band, Wien 1948, 370: „Das *Confiteor* bildet heute mit seiner Umrahmung den zweiten Teil des Stufengebetes. Seine Anfänge liegen in jener schweigenden Anbetung, zu der sich im römischen Stationsgottesdienst der Papst, wenn er vor dem Altar ankam, niederließ." Und weiter unten (374ff.): „Ein stehendes Element schon in den frühen Confiteorformeln ist auch die Erwähnung der Heiligen [...]. [...] Auf dem Generalkapitel der Zisterzienser von 1184 wurde bestimmt, daß vor allen Heiligen die Gottesmutter genannt werden solle. [...] Das spätere Mittelalter hat immer mehr Namen von Heiligen hinzugefügt,

gesündigt haben in Gedanken, mit Worten und in dem, was wir getan haben. Aus eigener Kraft können wir nicht frei werden. Darum sehen wir auf Christus und beten: Gott sei mir Sünder gnädig." Hierbei geht es um einen Neuanfang, um Erneuerung unseres ganzen Lebens, des Denkens und des Handelns. Das betrifft nicht nur den einzelnen, sondern meint ihn auch als Teil der Gemeinde. Die Gemeinde antwortet mit dem Liturgen: „Der allmächtige Gott erbarme sich unser. Er vergebe uns unsere Sünden und führe uns zum ewigen Leben. Amen." Nach der Bitte zu Gott um Vergebung der Sünden überbringt der Liturg den Zuspruch Gottes: „Der barmherzige Gott hat sich unser erbarmt. Jesus Christus ist für uns gestorben. Durch ihn vergibt uns Gott und macht uns zu seinen Kindern. Wer da glaubt und getauft wird, der wird selig werden. Das gebe Gott uns allen."

Das Confiteor hat sich relativ spät herausgebildet. „Die Vorbereitung auf die Teilnahme am Gottesdienst wurde offenbar ebenso wie die Vorbereitung auf den Dienst an der Gemeinde als Angelegenheit des Einzelnen verstanden, die in die Sphäre seiner privaten Frömmigkeit gehört. [...] Die Rüstgebete [...] gewinnen erst in der fränkischen Kirche [um 800] eine für uns erkennbare Gestalt."[84] [...] Aus gleichen Ursprüngen bilden sich zwei Formen heraus, der Akzeß, auch Praeparatio ad missam genannt, und das Stufengebet [in das im 9. Jh. das Confiteor überging]. Ein Abschluß der Entwicklung ist für die römische Messe erst mit der Reform Pius' V. durch sein Missale vom Jahre 1570 erreicht."[85] Im 11. Jh. sah die liturgische Situation wie folgt aus: „Auf dem Wege zum Altar wird Psalm 42 gebetet, vor dem Altar das Confiteor und abschließend die Oration `Aufer a nobis´. Confiteor und `Aufer a nobis´ sind seit dem 12. Jahrhundert[86]

---

allerdings meistens in der Weise, daß die Heiligen nur im zweiten Teil des *Confiteor*, also als Fürsprecher erschienen. [...] Was den äußeren Ritus betrifft, so finden wir von Anfang das *Confiteor* gesprochen mit tiefer Verbeugung des Körpers. Aber auch das Knien muß weit verbreitet gewesen sein. Bei den Worten *mea culpa* wird schon früh das Schlagen an die Brust erwähnt" (nach Lk 18,13).

84 Vgl. hierzu Frör, Kurt, Salutationen, Benediktionen, Amen, in: Müller, Karl Ferdinand und Walter Blankenburg (Hg.), a.a.O., 525: „Als private Vorbereitung wird er [der Rüstakt] in der Sakristei vollzogen mit einer Anzahl von Gebeten, die auch die notwendigen äußerlichen Rüsthandlungen wie z.B. das Waschen der Hände und das Anlegen der liturgischen Gewänder begleiten. Dazu gehören Psalm 50 mit Versikeln, Gebete zur Händewaschung und zum Ankleiden, drei Apologien und Gebete zur Inzensierung." (Sakramentar von Amiens, 9. Jh.). Vgl. auch ebd., 528: „Der Vorbereitungsakt des Klerus auf die Messe [...] [hatte] bis in das 16. Jahrhundert nur privaten Charakter."

85 Ebd., 524f.

86 Ein in den süddeutschen Raum gehörendes Beispiel aus dem 12. Jh. zeigt folgenden Ablauf der liturgischen Akte einer Offenen Schuld (ebd., 534): „**Glaubensbekenntnis** deutsch durch die Gemeinde. **Sündenbekenntnis** deutsch durch die Gemeinde. **Misereatur** und **Indulgentiam** lateinisch durch den Priester. **Vaterunser** deutsch durch die

ganz allgemein ein fester Bestandteil der Rüstgebete geworden."[87] Später entfiel der Einzug, und die Rüstgebete erhielten vorzugsweise ihren Ort an den Stufen des Altars. „Luther kennt in seiner Deutschen Messe kein Confiteor; der größere Teil der lutherischen Gottesdienstordnungen ist ihm gefolgt. Dahinter steht das Verständnis des Gottesdienstes als einer Zusammenkunft 'versöhnter Kinder'"[88] und die von Luther in der Formula Missae betonte „Freiheit in der Art der Vorbereitung"[89]. Luther verstand offenbar das Vaterunser als Sündenbekenntnis und den sich anschließenden Friedensgruß als Absolution. Den gottesdienstlichen Rüstakt, bestehend aus der Offenen Schuld, der allgemeinen Beichte[90] und dem Vaterunser, kennt Luther. Er deutet ihn theologisch jedoch „nicht als Beichte, sondern als Verkündigung der frohen Botschaft von

---

Gemeinde. **Oratio pro ecclesia** = Fürbittengebet in prosphonetischer Form durch den Priester."

87 Ebd., 529. Vgl. auch ebd., 530: „Das Confiteor ist ein aus den Apologien erwachsenes Sündenbekenntnis. [...] Bereits für das 11. Jahrhundert ist die Dialogform bezeugt." Und weiter unten (533): „Dem Confiteor im Rüstakt des Klerus entspricht in vorreformatorischer Zeit die Offene Schuld – eine allgemeine Beichte mit einer allgemeinen Absolution – als Rüstakt der Gemeinde" (vor dem Beginn des Mahlteils der Messe). Im 12. Jh. wurde hervorgehoben, „daß die allgemeine Absolution in der Offenen Schuld für schwere Sünden nicht genügt" (534). „Am Beginn des 16. Jahrhunderts fehlt noch immer eine theologische Definition dessen, was die Offene Schuld ist" (535). Zur Terminologie vgl. ebd., 543: „Rüstgebete, die nur als private Vorbereitung des oder der Geistlichen ohne Beteiligung der Gemeinde verstanden wurden, behielten die Form des Stufengebetes. Die reformatorischen Ordnungen haben jedoch diesen Terminus nicht, sondern sprechen im allgemeinen vom 'Confiteor'. Wo die Rüstgebete als Angelegenheit der ganzen Gemeinde verstanden wurden, da erhielten sie die Form der Offenen Schuld."

88 Albrecht, Christoph, a.a.O., 60. Vgl. auch Frör, Kurt, a.a.O., 528: „Auf reformatorische Ordnungen hat der Akzeß nicht gewirkt. Bedeutungsvoll für diese wurden nur die Apologien und die als Weiterbildungen der Apologien entstandenen Sündenbekenntnisse."

89 Frör, Kurt, a.a.O., 539.

90 Die Bezeichnung ist irreführend. Genau genommen handelt es sich bei der Offenen Schuld nicht um eine Beichte, sondern um ein Gebet. Vgl. auch den Streit um das richtige Verständnis der Offenen Schuld ebd., 553: Man fragte sich, „ob auch öffentliche und hartnäckige Sünder Absolution empfangen sollten, wenn sie nicht nur keine Reue und keine Bereitschaft zur Buße zeigen, sondern darüber hinaus nicht einmal den Wunsch nach einer Absolution zu erkennen geben. Und wieder ging es um die Frage, ob die allgemeine Absolution die private, im Beichtstuhl zugesprochene, Absolution überflüssig mache." Vgl. zusätzlich ebd., 534: „Zu einem bis in das 16. Jahrhundert im Grunde ungeklärt gebliebenen Problem wurde die Frage nach dem theologischen Verständnis der Offenen Schuld. Der ursprünglich sakramentale Charakter ihres Vollzuges wurde mehr und mehr in Frage gestellt. Konnte die Absolution von schweren Sünden vollzogen werden ohne gewisse Kenntnis der Reue des Sünders und die Absolution von öffentlichen Sündern ohne die Auflage einer öffentlichen Buße?"

Gottes vergebender Gnade"[91]. Auf diese Weise kommt es zu einer Umwandlung der Offenen Schuld in eine Vermahnung.[92] Zusammenfassend kann man sagen: „Luther hat auf alles verzichtet, was nur zur privaten Sphäre der Frömmigkeit gehört. Der ganze Gottesdienst ist ihm Angelegenheit der Gemeinde."[93]
Was die Rüstgebete angeht, so kommt es mit der Aufklärung zu ihrem allmählichen Verfall. „Es war die Tat König Friedrich Wilhelms III. von Preußen, gegen das Weiterwüten schlimmsten liturgischen Verfalls einen Damm errichtet zu haben. Der König hat mit seinen Agenden die liturgische Erneuerungsbewegung des 19. und 20. Jahrhunderts eingeleitet. [...] So entstand auch wieder ein Rüstteil für die Gemeinde, in dem Formelemente des Stufengebetes, aber auch der Offenen Schuld in ähnlicher Weise wiederkehren wie in den Ordnungen des 16. Jahrhunderts."[94]

---

91 Frör, Kurt, a.a.O., 541.
92 Vgl. ebd., 551f.: „In Luthers Deutscher Messe 1526 erscheint [...] die Offene Schuld als das, was Luther theologisch darunter verstanden hat, nämlich als Vermahnung. Als solche ist sie ein fester Bestandteil der Liturgie. [...] Die Offene Schuld tritt als ein Erbstück aus der vorreformatorischen Zeit auf."
93 Ebd., 542.
94 Ebd., 560. Der *Rüstteil* hat in der Hauptform der Liturgie des Königs folgende Gestalt:
Gemeinde: Eingangslied.
Pfarrer: Im Namen des Vaters.
. Unsere Hilfe.
. Sündenbekenntnis (= Confiteor).
. (Gnadenzuspruch = Misereatur ad libitum).
Chor: Amen.
Pfarrer: Spruch nach dem Sündenbekenntnis (= Misereatur, zugleich aber als
. Introitus verstanden).
Chor: Ehre sei dem Vater.
. Kyrie eleison.
Pfarrer: Ehre sei Gott in der Höhe.
Chor: Und Friede auf Erden.

Nach dem Vorbild des Kurfürsten Joachims II. bietet der König auch ein *Confiteor*:
Pfarrer: Ich bekenne Gott, dem Allmächtigen und euch Brüdern (= Confiteor).
Chor: Gott der Allmächtige erbarme sich über euch (= Misereatur).
Pfarrer: Amen.
Chor: Ich bekenne Gott etc. (= Confiteor).
Pfarrer: Ablaß und Vergebung aller eurer Sünde (= Indulgentiam).
Chor: Amen.

Zugleich kam es zu einer Verquickung des Confiteor mit dem Kyrie und des Misereatur mit dem Gloria, was in der Preußischen Agende von 1829 zum Ausdruck kommt:
Gemeinde: Lied.
Pfarrer: Im Namen des Vaters.
. Unsere Hilfe.
. Sündenbekenntnis.

In der zweiten Hälfte des 20. Jh., zuletzt in der Erneuerten Agende, wurden diese liturgischen Bestrebungen fortgesetzt. Die Rüstgebete erhielten nun ihren festen Platz innerhalb des Gottesdienstes. Hervorgehoben wird, dass es sich bei ihnen nicht um einen „Reinigungsakt", sondern vielmehr um eine rechte „Bereitung" handelt.[95]

Erlaubt sei noch ein Hinweis auf das stille Gebet, das der einzelne zu Beginn des Gottesdienstes spricht (s.o.). Auch hierin kommt zum Ausdruck, dass der Christ nur „in dem Bewußtsein seiner Unwürdigkeit und Schuld vor Gott treten kann"[96].

Wird die Variante mit der Offenen Schuld nach der Predigt verwendet, dann entfällt das Rüstgebet im Eröffnungsteil.

1.2.6 Das Eingangslied

Der Satz des Kirchenvaters Augustin, „Wer singt, betet doppelt", bringt zum Ausdruck, welchen hohen Stellenwert das Singen von Anfang an hatte. Das Eingangslied dient der Einstimmung in den Gottesdienst und nimmt auf Empfindungen und Erwartungen Bezug. In vielen Gemeinden sind Eingangslied und Wochenlied identisch. Letzteres orientiert sich am jeweiligen Sonntag des Kirchenjahres.

Auf die Eröffnung folgt die Anrufung, die im wesentlichen aus Introitus, Kyrie, Gloria und Kollektengebet besteht.

1.2.7 Psalm

Die Psalmen waren das Gebets- und Gesangbuch Jesu und der frühen Christen. Luther nannte die Psalmen „eine kleine Bibel", die eine wertvolle Artikulationshilfe darstellen. Der Psalm stellt zugleich eine Verbindung zum Volk Israel und dem Judentum her. Im Christentum ist der Psalmengesang erstmals um 350 in Antiochia (Arianer) bezeugt. Den Abschluss bildet auch hier das Gloria patri. Allerdings wird entsprechend der arianischen Theologie die Gottheit des Soh-

---

. Herr erbarme Dich unser.
. Ehre sei Gott in der Höhe.
Vgl. ebd., 561f.: „Der Gemeinde [erschien] das Kyrie wie eine Antwort auf das Confiteor oder als Aneignung des vom Geistlichen gesprochenen Sündenbekenntnisses durch die Gemeinde. Das ohne Vorspruch anschließende 'Ehre sei Gott in der Höhe' wirkte nun wie ein Gnadenzuspruch."

95 Vgl. ebd., 566: „Nicht als 'Reinigungsakt', sondern als rechte 'Bereitung' sollen alle Rüsthandlungen und Rüstgebete im lutherischen Gottesdienst verstanden werden."
96 Albrecht, Christoph, a.a.O.

nes gegenüber dem Vater abgestuft („Ehre sei dem Vater *durch* den Sohn *im* Heiligen Geist"). Vor allem durch das aufkommende Mönchtum fand der Psalmengesang eine weite Verbreitung. Das Gloria patri wurde entsprechend umgestaltet. Ebenfalls zur Abgrenzung wurde das „Sicut erat" („wie es war im Anfang, so auch jetzt ...") angefügt, das die Präexistenz Christi betonen sollte. Im 7. Jh. gelangte der Psalmengesang in die römische Papstmesse. Während des Psalmengesangs fand der Einzug des Klerus in die Kirche statt. Unter Gregor dem Großen (* 604) und noch stärker im 10. Jh. wurde der Psalmengesang einer Kürzung unterzogen. Mit der Reformation kommt es zu einer Wandlung im Gebrauch der Psalmen. In Luthers Deutscher Messe von 1526 konnte der Psalm wahlweise gegen ein deutsches Gemeindelied ausgetauscht werden.

1.2.8 Gloria patri

Die Gemeinde antwortet auf das Wort Gottes mit dem Gloria patri: „Ehre sei dem Vater und dem Sohn und dem Heiligen Geist. Wie es war im Anfang, jetzt und immerdar und von Ewigkeit zu Ewigkeit. Amen." Das Gloria patri hat zwei Funktionen, die sich aus der lateinischen Form ergeben: „est" kann als Feststellung dienen (Gott *hat* Ehre und Majestät) oder als Ehrenbezeugung (Ehre *sei* dem Vater ...).

1.2.9 Sündenbekenntnis

Menschliches Tun ist nicht frei von Sünde und Schuld. Das Sündenbekenntnis beinhaltet die Bitte, dass Gott uns gnädig sei, denn aus eigener Kraft können wir nicht frei werden. Nach der Bitte zu Gott um Vergebung der Sünden folgt der Zuspruch Gottes. Dieser „Neuanfang", die Erneuerung unseres ganzen Lebens, des Denkens und Handelns, wird von der Gemeinde bestätigt. Auf diese Weise macht sich die Gemeinde das Gebet zueigen.

1.2.10 Kyrie

Im Kyrie vollzieht sich die Verehrung Gottes. Durch das Kyrie bitten wir um das, was wir uns aus eigener Kraft nicht zusprechen können. Auf diese Weise erfahren wir etwas von unserer Begrenztheit und Endlichkeit. Während der Ruf „kyrie eleison" als Akklamation eines Herrschers oder einer Gottheit schon in der vorchristlichen Antike gebraucht wurde, wurde der Ruf christlicherseits auf Gott hin verwendet. Das Kyrie wurde vermutlich von Papst Gelasius I. im 5. Jh. in die römische Messe eingeführt. In späterer Zeit wurde dem Kyrie das Confiteor (Sündenbekenntnis) vorangestellt und der Gnadenzuspruch angefügt. Der Ruf, der zuvor eine Fülle von Bitten beinhalten konnte, wird nun auf die alleinige Bitte um die Vergebung der Schuld reduziert.

Die Kyrie-Rufe werden in manchen Gemeinden im Wechsel gesungen:
Liturg / Liturgin: Kyrie eleison.
Gemeinde: Herr, erbarme dich.
Liturg / Liturgin: Christe eleison.
Gemeinde: Christe, erbarme dich.
Liturg / Liturgin: Kyrie eleison.
Gemeinde: Herr, erbarm dich über uns.

1.2.11 Gnadenverkündigung (Gloria)

Das „Ehre sei Gott in der Höhe" lautet in der Übersetzung Martin Luthers: „Ehre sei Gott in der Höhe und auf Erden Fried, den Menschen ein Wohlgefallen." Die ökumenische Fassung von 1972 lautet: „Ehre sei Gott in der Höhe und Friede auf Erden den Menschen seiner Gnade." In manchen Gemeinden wird stattdessen das Lied EG 179,1 gesungen: „Allein Gott in der Höh sei Ehr und Dank für seine Gnade. Darum, daß nun und nimmermehr uns rühren kann kein Schade. Ein Wohlgefalln Gott an uns hat. Nun ist groß Fried ohn Unterlaß. All Fehd hat nun ein Ende." Die Gesänge machen deutlich, daß Gott allein die Ehre gebührt.

Das Gloria gehört zu den frühchristlichen Hymnen, die in den christlichen Gottesdiensten Verwendung fanden. Die älteste (nichtarianische) Textgestalt findet sich im Codex Alexandrinus (5. Jh.). Die lateinische Textfassung stammt aus dem 9. Jh. Zur gleichen Zeit fand das Gloria seinen Platz in der römischen Messe zwischen Kyrie und Kollektengebet. Das Gloria ist in drei Teil gegliedert: Auf den *Lobgesang der Engel* folgt der von den Menschen ausgehende *Lobpreis Gottes*. Er geht über in die *Anbetung Jesu Christi*, die in einem kurzen trinitarischen Schluss einmündet. Das Gloria symbolisiert, dass von Gott nicht in kühler Sachlichkeit gesprochen werden kann, sondern nur in hymnischem Überschwang.

1.2.12 Salutatio (vgl. auch 1.2.3)

Der Wunsch nach Heil, der sich in dem Ausruf „Der Herr sei mit euch" konkretisiert, wird von der Gemeinde mit „und mit deinem Geist" beantwortet. Es geht hierbei um die gegenseitige persönliche Fürbitte und Segnung, die der Liturg / die Liturgin und die Gemeinde betonen.

1.2.13 Kollektengebet

„Im Unterschied zum großen Fürbittengebet mit seinen ins einzelne gehenden Bitten besteht die Kollekte aus einem einzigen Satz, der durch die Kirchenjahreszeit geprägt ist. Die feststehende Form ist: Anrufung – Prädikation (Erinnerung) – Bitte – Zielsetzung der Bitte – Konklusion – Akklamation (Amen)."[97] Das Kollektengebet fasst die Bitten der Gläubigen zusammen. Der, in dessen Namen sich die christliche Gemeinde versammelt, wird noch einmal im Abschluss genannt: „Dies bitten wir dich durch Jesus Christus, unsern Herrn, der mit dir und dem Heiligen Geist lebt und regiert von Ewigkeit zu Ewigkeit. Amen."

Seit der Synode von Hippo (391) wissen wir von der Existenz von Kollektengebeten. Ein Grundstock von römischen Gebeten dürfte um 600 vorgelegen haben (Orationen). Mit der Aufklärung gingen Funktion und Form der Kollektengebete verloren, so dass sie zunehmend durch langatmige Gebete ersetzt wurden. Allgemein werden drei unterschiedliche Formen des Kollektengebets unterschieden: 1) Oratio: Gebetsrede (Antike, 3. / 4. Jh.); 2) Collecta: „zusammenfassendes Gebet" (gallische Liturgiebücher) / „Versammlung"; 3) Tagesgebet: Proprium des Tages.

Im Kollektengebet wird das gebündelt, was schon im Kyrie anklang: Die Kirche tritt in ihrer Bedürftigkeit vor Gott, die von ihrer irdischen Pilgerschaft nicht zu trennen ist. Die Gotteskindschaft der Christen findet im Kollektengebet seinen Ausdruck. Das Kollektengebet verbindet Bitte, Dank und Lobpreis.

1.3 Verkündigung und Bekenntnis

1.3.1 Schriftlesung(en)

Der Gottesdienst dient der Begegnung mit Gott und insofern mit den heiligen Schriften des Alten und Neuen Testaments. Daher gibt es alttestamentliche Lesungen, Evangelien- und Epistellesungen (Briefe).

1.3.2 Glaubensbekenntnis

Die Gemeinde antwortet auf Gottes Wort mit dem Credo („ich glaube"). Das Glaubensbekenntnis beinhaltet die zentralen Sätze des christlichen Glaubens. Das eigentliche ökumenische Glaubensbekenntnis ist das Bekenntnis von Nizäa-Konstantinopel (325), das „Nizänum":

> Wir glauben an den einen Gott,
> den Vater, den Allmächtigen,
> der alles geschaffen hat,
> Himmel und Erde,
> die sichtbare und die unsichtbare Welt.

---

97 Albrecht, Christoph, a.a.O., 67.

Und an Jesus Christus,
Gottes eingeborenen Sohn,
aus dem Vater geboren vor aller Zeit:
Gott von Gott, Licht vom Licht,
wahrer Gott vom wahren Gott,
gezeugt, nicht geschaffen,
eines Wesens mit dem Vater;
durch ihn ist alles geschaffen.
Für uns Menschen und zu unserm Heil
ist er vom Himmel gekommen,
hat Fleisch angenommen
durch den Heiligen Geist
von der Jungfrau Maria
und ist Mensch geworden.
Er wurde für uns gekreuzigt
unter Pontius Pilatus,
hat gelitten und ist begraben worden,
ist am dritten Tage auferstanden
nach der Schrift
und aufgefahren in den Himmel.
Er sitzt zur Rechten des Vaters
und wird wiederkommen in Herrlichkeit;
zu richten die Lebenden und die Toten;
seiner Herrschaft wird kein Ende sein.
Wir glauben an den Heiligen Geist,
der Herr ist und lebendig macht,
der aus dem Vater und dem Sohn hervorgeht,
der mit dem Vater und dem Sohn
angebetet und verherrlicht wird,
der gesprochen hat durch die Propheten,
und die eine, heilige,
allgemeine und apostolische Kirche.
Wir bekennen die eine Taufe
zur Vergebung der Sünden.
Wir erwarten die Auferstehung der Toten
und das Leben in der kommenden Welt.
Amen.

Durchgesetzt hat sich das Apostolische Glaubensbekenntnis (Apostolicum), das einprägsamer ist. Der Legende nach hat jeder der zwölf Apostel einen Satz beigesteuert. Die preußische Unionsagende König Friedrich Wilhelms III. sieht das Apostolicum als sonntägliches Glaubensbekenntnis vor. Seit der Zeit des Kirchenkampfes wird es von der ganzen Gemeinde gesprochen. Die Dreiteilung – Schöpfung / Erlösung / Heiligung – wird schon bei Justin (um 100-165) und

Schöpfung / Erlösung / Heiligung – wird schon bei Justin (um 100-165) und Irenäus (um 140-200) bezeugt.

> Ich glaube an Gott,
> den Vater, den Allmächtigen,
> den Schöpfer des Himmels und der Erde.
>
> Und an Jesus Christus,
> seinen eingeborenen Sohn, unsern Herrn,
> empfangen durch den Heiligen Geist,
> geboren von der Jungfrau Maria,
> gelitten unter Pontius Pilatus,
> gekreuzigt, gestorben und begraben,
> hinabgestiegen in das Reich des Todes,
> am dritten Tage auferstanden von den Toten,
> aufgefahren in den Himmel;
> er sitzt zur Rechten Gottes,
> des allmächtigen Vaters;
> von dort wird er kommen
> zu richten die Lebenden und die Toten.
>
> Ich glaube an den Heiligen Geist,
> die heilige christliche Kirche,
> Gemeinschaft der Heiligen,
> Vergebung der Sünden,
> Auferstehung der Toten
> und das ewige Leben.
> Amen.

Das Glaubensbekenntnis verbindet Christen auf der ganzen Welt miteinander. Darüber hinaus verbindet es Christen durch die Jahrhunderte hindurch.

1.3.3 Wochenlied

Das Wochenlied orientiert sich am jeweiligen Sonntag des Kirchenjahres. Es lässt Schriftlesung und Glaubensbekenntnis nachklingen und führt zur Predigt.

1.3.4 Predigt

Die Predigt beginnt mit dem sogenannten Kanzelgruß: „Gnade sei mit euch von Gott, unserem Vater, und unserem Herrn Jesus Christus. Amen" (1. Kor 1,3). Die Predigt ist ein Boten-Dienst, eine Bekanntmachung der Botschaft Gottes, die im Auftrag des Herrn der Kirche geschieht: „Gehet hin in alle Welt und predigt das Evangelium aller Kreatur" (Mk 16,14). Die Predigt ist an das Wort der Bibel gebunden. Auf diese Weise soll die Geschichte Gottes mit der Lebenswirklichkeit ganz konkreter Menschen in Beziehung gesetzt, Glauben und Leben miteinander verbunden werden. Die Predigttexte sind in einer Perikopenordnung festgelegt, die es ermöglicht, dass über sechs Jahre hinweg unterschiedliche Texte ausgelegt werden.

Die Predigt endet mit dem „Kanzelsegen": „Der Friede Gottes, der höher ist als all unsere Vernunft, bewahre unsere Herzen und Sinne in Christus Jesus" (Phil 4,7).

Die Predigt war seit dem 4. Jh. den Bischöfen und Priestern vorbehalten. Karl der Große verpflichtete die Priester zum Predigen, und mehrere karolingische Synoden zu Beginn des 9. Jh. forderten die Predigt in der Muttersprache. Immense Bedeutung gewann die Predigt in der Reformation. In Luthers Deutscher Messe von 1526 ist die Predigt ein fester Bestandteil des Gottesdienstes. Dem Pietismus ging es vornehmlich um erweckliche und erbauliche Predigten, die sehr lange dauern konnten. Rationalismus und Aufklärung deuteten die Predigt als eine Belehrung der Gemeinde mit Glaubenswahrheiten.

1.3.5 Predigtlied

Das Predigtlied beinhaltet einige zentrale Gedanken der Predigt in Liedform.

1.4 Das Abendmahl

1.4.1 Präfation

Die Präfation besteht aus drei Teilen: aus der Salutation (Gruß), dem „Sursum corda" („Die Herzen in die Höhe") sowie dem Gratias („Lasset uns Dank sagen dem Herrn!") mit dem sogenannten großen Dankgebet.

In der Salutation will Christus mit uns eins werden. Daher heißt es „Der Herr sei mit euch".

Wenn von Herzen die Rede ist, dann ist damit das Zentrum des Menschen schlechthin gemeint. Es geht darum, das Herz auf Gott auszurichten, denn woran der Mensch sein Herz hängt, das ist sein Gott. Auf die Aufforderung „Die Herzen in die Höhe!" antwortet die Gemeinde dementsprechend mit „Wir erheben sie zum Herren" (vgl. Ps 130,7).

Die Aufforderung „Lasset uns Dank sagen" wird von der Gemeinde mit „Das ist würdig und recht" beantwortet. Es geht um den Dank für das, was Gott getan hat und noch tut.

Der im Anschluss daran folgende Lobpreis hat die Worte:

> Wahrhaft würdig ist es und recht,
> dass wir dich, ewiger Gott, immer und überall
> loben und dir danken,
> durch unsern Herrn Jesus Christus.
>
> Ihn hast du in die Welt gesandt,
> durch seinen Tod haben wir Vergebung der Sünde
> und durch sein Auferstehen das Leben.
>
> Darum loben die Engel deine Herrlichkeit,
> beten dich an die Mächte und fürchten dich alle Gewalten.
> Dich preisen die Kräfte des Himmels mit einhelligem Jubel;
> mit ihnen vereinen auch wir unsere Stimmen
> und bekennen ohne Ende: ...

Die Gemeinde antwortet mit dem Dreimalheilig (Sanctus): „Heilig, heilig, heilig, ist der Herre Zebaoth. Alle Lande sind seiner Ehre voll. Hosianna in der Höhe. Gelobet sei der da kommt im Namen des Herrn. Hosianna in der Höhe."

1.4.2 Einsetzungsworte

Die Einsetzung des Abendmahls durch Jesus ist im Neuen Testament viermal überliefert: Mt 26,26-28; Mk 14,22-24; Lk 22,19f.; 1. Kor 11,23b-25. Die Deutung Jesu bezieht die Abendmahlselemente auf den neuen Bund, der in seinem Blutvergießen am Kreuz das Opfer seines Lebens begründet. Dadurch wird die Vergebung der Sünden durch Gott bewirkt. Im Gedenken an Jesus vollzieht sich das Abendmahlsgeschehen immer wieder aufs Neue.

Die Einsetzungsworte lauten: „Unser Herr Jesus Christus in der Nacht, da er verraten ward, nahm er das Brot, dankte und brach's und gab's seinen Jüngern und sprach: Nehmet hin und esset. Das ist (Kreuzeszeichen über dem Brot) mein Leib, der für euch gegeben wird. Solches tut zu meinem Gedächtnis. Desgleichen nahm er auch den Kelch nach dem Abendmahl, dankte und gab ihnen den und sprach: Nehmet hin und trinket alle daraus; dieser Kelch ist der neue Bund (das neue Testament) in (Kreuzeszeichen über dem Kelch) meinem Blut, das für euch vergossen wird zur Vergebung der Sünden. Solches tut, sooft ihr's trinket, zu meinem Gedächtnis."

Für Martin Luther erfüllen die Einsetzungsworte drei wesentliche Elemente. Sie sind: 1) Stiftungsworte: Jesus setzt das Abendmahl ein und bevollmächtigt die Gemeinde, es zu feiern; 2) Vollzugsworte: Jesus selbst schafft die verheißenen Gaben und reicht sie dar; 3) Testamentsworte: Ihre Verkündigung soll den

Glauben der Gemeinde wecken und stärken (in ihnen ist in einem kurzen „Summa" das ganze Evangelium zusammengefasst).

1.4.3 Lamm Gottes (Agnus Dei)

Das „Agnus Dei" geht zurück auf Joh 1,29 und entfernt auf ein Wort des Propheten Jesaja, das in der Alten Kirche auf Christus gedeutet wurde (Jes 53,4-7): „Fürwahr, er trug unsre Krankheit und lud auf sich unsre Schmerzen. Wir aber hielten ihn für den, der geplagt und von Gott geschlagen und gemartert wäre. Aber er ist um unserer Missetat willen verwundet und um unsrer Sünde willen zerschlagen. Die Strafe liegt auf ihm, auf daß wir Frieden hätten, und durch seine Wunden sind wir geheilt. Wir gingen alle in die Irre wie Schafe, ein jeder sah auf seinen Weg. Aber der Herr warf unser aller Sünde auf ihn. Als er gemartert ward, litt er doch willig und tat seinen Mund nicht auf wie ein Lamm, das zur Schlachtbank geführt wird; und wie ein Schaf, das verstummt vor seinem Scherer, tat er seinen Mund nicht auf."

Der Wortlaut des „Agnus Dei": „Christe, du Lamm Gottes, der du trägst die Sünd der Welt, erbarm dich unser. Christe, du Lamm Gottes, der du trägst die Sünd der Welt, erbarm dich unser. Christe, du Lamm Gottes, der du trägst die Sünd der Welt. Gib uns deinen Frieden. Amen."

1.4.4 Austeilung

Die Austeilung wird mit den Worten „Kommt her, es ist alles bereit" (vgl. Mt 22,4) und „Schmecket und sehet, wie freundlich der Herr ist" (Ps 34,9) eingeleitet. Brot oder Oblate werden den Gläubigen mit den Worten „Christi Leib für dich gegeben" gereicht. Der Empfangende antwortet mit „Amen". Der Kelch wird mit den Worten „Christi Blut für dich vergossen" gereicht, worauf der Empfangende wiederum mit „Amen" erwidert. Nach dem Ende der Austeilung erteilt der Liturg den Segen: „Gehet hin im Frieden des Herrn."

Seit dem 4. Jh. begeben sich die Kommunikanten zum Altar, dem sie zu keiner anderen Gelegenheit so nahe kommen dürfen. Im 9. Jh. bürgert sich die Mundkommunion ein, da der heilige Leib nicht mit unreinen Händen berührt werden darf. Bis zum 13. Jh. wird die Kommunion stehend empfangen, danach knien die Gläubigen vor dem Altar. Die Kelchkommunion ist seit dem 3. Jh. üblich, wurde aber seit dem 7. / 8. Jh. zunehmend eingeschränkt aus Angst, etwas vom Blut Christi zu verschütten. In der evangelischen Kirche wird seit der Reformation in beiderlei Gestalt kommuniziert.

In der evangelischen Kirche werden alle getauften Christen zum Abendmahl eingeladen, weil nicht eine bestimmte Kirche, sondern Christus der Einladende ist.

1.4.5 Dankgebet

Das Dankgebet beinhaltet den Dank für die empfangenen Gaben. Die Gemeinde antwortet auch hier mit „Amen" und gibt zu erkennen, dass sie dem zustimmt.

1.5 Sendung und Segen

1.5.1 Abkündigungen

Die Abkündigungen beinhalten Informationen über die Kollekte[98] des vergangenen Gottesdienstes, über den Zweck der aktuellen Kollekte und den Hinweis auf ausgewählte Veranstaltungen der Gemeinde. Die Einladung zum Gottesdienst am darauffolgenden Sonntag darf nicht fehlen.

1.5.2 Fürbittengebet

Im Vertrauen, dass unsere Gebete nicht ungehört bleiben, werden im Fürbittengebet Gebetsanliegen aufgenommen, die die ganze Gemeinde betreffen und alle Lebensbereiche einbeziehen – lokal, national und international. Das Fürbittengebet darf einerseits nicht zu allgemein, andererseits aber auch nicht zu individuell gestaltet sein. In den Fürbitten werden auch Taufen, Trauungen und Beerdigungen benannt. In einer Phase der Stille sollten einzelne Gemeindeglieder die Möglichkeit haben, eigene Anliegen vor Gott zu bringen. Das Fürbittengebet wird oft auch als allgemeines Kirchengebet bezeichnet, weil es im wesentlichen drei Gruppen umfasst: 1. die Kirche und ihre Diener, 2. die Welt und die Obrigkeit und 3. Nöte und Notleidende aller Art. Man unterscheidet allgemein vier Form des Fürbittgebets: 1) Die Ektenie (Der Liturg nennt die Anliegen, die Gemeinde stimmt ein mit „Kyrie eleison", „Herr, erbarme dich" o.ä.); 2) Das Diakonische Gebet (Der Diakon nennt einzelne Anliegen und fordert zur Fürbitte auf. Der Liturg spricht die einzelnen Fürbitten für die gesamte Gemeinde, die mit „Amen" antwortet.); 3) Die Preces (Zwei Vorbeter wechseln sich ab mit kurzen Bitten.); 4) Die Prosphonese (Die Liturg betet, Gemeindet antwortet mit Amen.).

---

98 Zur Kollekte vgl. auch Kehnscherper, Günther, Art. Kollektenwesen, in: TRE 19, 360; Georgi, Dieter, Art. Kollekte I, in: RGG[4] 3, 1484f.; Ahlers, Reinhild, Art. Kollekte II, in: RGG[4] 3, 1485f.

1.5.3 Vaterunser[99]

Das Vaterunser ist das Grundgebet der Christenheit (Mt 6,9-13; Lk 11,1-4). Es enthält die zentralen Bitten eines Menschen.

In den ersten vier Jahrhunderten war das Vaterunser vor allem das Gebet des einzelnen. Gegen Ende des 1. Jh. wurde in der Didache empfohlen, die matthäische Form des Vaterunsers dreimal täglich zu beten. Schon im 2. Jh. stand das Vaterunser in enger Beziehung zur Eucharistie. Die eucharistische Deutung der Brotbitte bei Tertullian und Cyprian weist auf den täglichen Verzehr der nach Hause mitgenommenen Gaben. Gegen Ende des 4. Jh. findet das Vaterunser Eingang in die eucharistische Liturgie: Bei Kyrill von Jerusalem ist es in der öffentlichen Liturgie der Messe als Kommuniongebet nachweisbar. Ließ sich die eucharistische Deutung der 4. Bitte (Brotbitte) schon früh nachweisen, so führte nun insbesondere die 5. Bitte (Bitte um Sündenvergebung) zur Aufnahme in die Gebete zur Vorbereitung auf die Kommunion. Zunächst wurde das Vaterunser zusammen mit dem Friedenskuss bzw. Friedensgruß unmittelbar vor die Kommunion gestellt. Papst Gregor der Große (590-604) setzte in seiner Liturgiereform das Vaterunser hinter das Kanongebet und vor das Brotbrechen. Das Gebet sollte auf diese Weise noch über den auf dem Altar liegenden Gaben gesprochen werden.

Während das Vaterunser in Luthers Formula Missae von 1523 traditionell nach den Einsetzungsworten verortet wurde, erfolgt es in der Deutschen Messe von 1526 in Anknüpfung an urchristliche Bräuche als Paraphrase – nun aber vor den Einsetzungsworten. An die Predigt anschließend und von der Abendmahlsvermahnung gefolgt, trat die Vaterunserparaphrase an die Stelle der Präfation. Indem Luther das Vaterunser dort platzierte, wo früher die Offene Schuld zu finden war, betonte er dessen Funktion als ein Schuldbekenntnis. Das Vaterunser übernahm die Funktionen des Allgemeinen Kirchengebets wie auch die eines Rüstaktes für das Abendmahl. Auf diese Weise verband das Vaterunser den Wortteil mit dem Sakramentsteil. Eingebürgert hat sich in den lutherischen Got-

---

99 Zum Vaterunser vgl. auch: Albrecht, Christoph, Einführung in die Liturgik, Göttingen ⁵1995, 83-91, v. a. 88; Berger, Rupert, Neues Pastoralliturgisches Handlexikon, Freiburg u. a. 1999, 399ff.; Brunner, Peter, Zur Lehre vom Gottesdienst der im Namen Jesu versammelten Gemeinde, in: Leiturgia. Handbuch des evangelischen Gottesdienstes, hg. von Müller, Karl Ferdinand und W. Blankenburg, Bd. 1: Geschichte und Lehre des evangelischen Gottesdienstes, Kassel 1954, 83-364, v. a. 258f.336ff.; Jeremias, Joachim und Wilhelm Jannasch, Art. Vaterunser, in: RGG⁶ 6 (1962) Sp. 1235-1238; Jungmann, Josef Andreas, Art. Pater noster, in: Missarum sollemnia. Eine genetische Erklärung der römischen Messe, Bd. 2: Opfermesse, Freiburg 1948, 335-355; ders., Art. Vaterunser. II. In der Liturgie, in: LThK 10 (1965) Sp. 627ff.; Molitor, Kurt, Art. Das Vaterunser, in: Liturgische Blätter 67 (2000) 130-140; Schmidt-Lauber, Hans-Christoph, Art. Vaterunser, in: ders. und Manfred Seitz (Hg.), Der Gottesdienst. Grundlagen und Predigthilfen zu den liturgischen Stücken, Stuttgart 1992, 212-222.

tesdiensten das unparaphrasierte Vaterunser, teils vor, teils nach den Einsetzungsworten.

Das im Gottesdienst gesprochene Vaterunser hat folgende Form:

>Vater unser im Himmel.
>Geheiligt werde dein Name.
>Dein Reich komme.
>Dein Wille geschehe, wie im Himmel,
>so auf Erden.
>Unser tägliches Brot gib uns heute.
>Und vergib uns unsere Schuld,
>wie auch wir vergeben unsern Schuldigern.
>Und führe uns nicht in Versuchung,
>sondern erlöse uns von dem Bösen.
>Denn dein ist das Reich und die Kraft
>und die Herrlichkeit in Ewigkeit.
>Amen.

Das Vaterunser zählt zu den gleichbleibenden Texten des Gottesdienstes (Ordinarien). In der oben dargebotenen Form gliedert es sich in vier Blöcke:

Anrede Gottes	→	Vater unser im Himmel.
3 „Du"-Bitten	→	(1) Geheiligt werde dein Name.
	→	(2) Dein Reich komme.
	→	(3) Dein Wille geschehe, wie im Himmel, so auf Erden.
4 „Wir"-Bitten	→	(1) Unser tägliches Brot gib uns heute.
	→	(2) Und vergib uns unsere Schuld, wie auch wir vergeben unsern Schuldigern.
	→	(3) Und führe uns nicht in Versuchung,
	→	(4) sondern erlöse uns von dem Bösen.
Doxologie	→	Denn dein ist das Reich und die Kraft und die Herrlichkeit in Ewigkeit. Amen.

Liturgiegeschichtlich relevant sind die Brot- und die Vergebungsbitte:

Die Brotbitte lässt zwei Interpretationen zu: Sowohl das zum alltäglichen Leben notwendige Brot als auch das eschatologisch gedeutete Brot kann im Blick sein.

Die Vergebungsbitte bezieht sich auf das endzeitliche Gericht. Vergebung untereinander und Vergebung durch Gott stehen in einer Beziehung zueinander. Fraglich ist, ob menschliches Vergeben die Vorbedingung für Gottes Vergebung ist. Oder ist es nicht vielmehr so, dass christliches Handeln Folge und nicht Voraussetzung der Erlösung ist?!

1.5.4 Sendungswort

Vor dem Segen spricht der Liturg die Formel „Gehet hin im Frieden (unter dem Segen) des Herrn". Nach evangelischem Verständnis setzt sich der Gottesdienst im Alltag fort. Der Glaube soll sich im Alltagsleben bewähren. Christsein ist nicht auf den Gottesdienst beschränkt. Evangelischer Gottesdienst meint auch Gottesdienst im Alltag.

1.5.5 Segen

Mit dem aronitischen Segen hat Mose im Auftrag Gottes Aaron gesegnet: „Der Herr segne dich und behüte dich; der Herr lasse sein Angesicht leuchten über dir und sei dir gnädig; der Herr erhebe sein Angesicht auf dich und gebe dir (Kreuzeszeichen) Frieden" (Num 6,22-26). Die Gemeinde antwortet auf den Segen mit „Amen, Amen, Amen". Die Geste des Liturgen in Form des Aufhebens der Hände erinnert an Jesu Gestik (Lk 24,50) und symbolisiert die Zuwendung Gottes zu jedem einzelnen. Das Kreuzeszeichen macht den Segen Gottes vor Augen sichtbar.

1.5.6 Orgelnachspiel / Musik zum Ausgang

Das Orgelnachspiel lässt das Empfangene nachklingen und verweist auf den Alltag der Christen. Es ist noch einmal eine Möglichkeit, im Kontext des Gottesdienstes Gott für seine Gegenwart zu danken und um seine fortwährende Präsenz zu bitten. Dass sich gottesdienstliche Gemeinschaft im Alltag fortsetzen soll, kommt im anschließenden „Kirchencafé" zum Ausdruck, das in einigen Gemeinden praktiziert wird.

1.6 Der lutherische Gottesdienst nach der Erneuerten Agende

Der Ablauf nach der Erneuerten Agende (Evangelisches Gottesdienstbuch, 64f.):

- Glockengeläut
- Musik zum Eingang
- [Votum zur Eröffnung]
  Im Namen des Vaters und des Sohnes und des Heiligen Geistes.
  Gemeinde: Amen.
  Unsere Hilfe steht im Namen des Herrn,
  Gemeinde: der Himmel und Erde gemacht hat.
- Gruss
  Die Gnade unseres Herrn Jesus Christus und die Liebe Gottes und die Gemeinschaft des Heiligen Geistes sei mit euch allen
  Gemeinde: und mit deinem Geist.
  oder – wenn kein Abendmahl gefeiert wird –:

Der Friede des Herrn sei mit euch.
Gemeinde: Friede sei mit dir.

Wir sind versammelt, um Gottes Wort zu hören [und das Mahl des Herrn miteinander zu feiern]. Gott begegnet uns in seiner großen Güte. Vor ihm erkennen wir, was uns von ihm trennt. Darum lasst uns um sein Erbarmen bitten.

Gebetsstille

zusammen mit der Gemeinde:
Der allmächtige Gott erbarme sich unser. Er vergebe uns unsere Sünde und führe uns zum ewigen Leben. Amen.

oder:
Wir sind angewiesen auf Gott,
der die Menschen liebt und sie zu sich ruft.
Darum sind wir hierher gekommen:
die einen mit Freude und Dank, die anderen mit Sorgen und Ängsten.
Was uns bewegt, sprechen wir in der Stille vor Gott aus.

Gebetsstille

Gott, unser Vater, höre uns und sprich zu uns, dass wir Mut fassen und deiner Güte gewiss werden.
Gemeinde: Amen.

V. Die gottesdienstliche Zeit

1. Das Kirchenjahr (vgl. auch 3.4 und 3.5)[100]

Wer sich mit den Festen im Jahres- und Lebenslauf beschäftigt, dem scheint das, was Schalom Ben-Chorin hierzu gesagt hat, nur allzu plausibel: „Feste gleichen Bojen im Meer. Unbegrenzt ist die Zeit. Wer kennt ihren Anfang, wer ihr Ende? Menschlicher Erkenntnis entziehen sich hier Ursprung und Ziel, aber unser Geist kann und will sich mit solcher Endlosigkeit nicht abfinden. So setzen wir Bojen in das Meer der Zeit. […] Die Feste des Glaubens wurzeln in der Geschichte, transzendieren sie aber zugleich, weisen über die Geschichte hinaus in die Heilsgeschichte und damit aus der Zeit in die Ewigkeit. Das gilt gleichermaßen für die Feste des jüdischen Jahres und des Jahres der Kirche. Die Feste des jüdischen Jahres wurzeln in der Geschichte Israels, die Feste der Kirche in der Geschichte eines großen Sohnes Israels, im Leben Jesu und seiner Gemeinde, die ursprünglich ebenfalls eine jüdische Glaubensbruderschaft war. Die Aufgliederung der Zeit in geheiligte Zeiten gibt der in Jahre, Monate, Wochen und Tage gefaßten Zeit ihren Rhythmus. […] Die starke Betonung der Feste, der aus der Formlosigkeit des Alltags herausgenommenen Tage, hat den Widerspruch des Apostels Paulus ausgelöst, der gewissermaßen versucht, die Feste außer Kraft zu setzen, ihre Bedeutung bis zur Bedeutungslosigkeit zu relativieren (Gal 4,10-11; Kol 2,16; Röm 14,5). Für den Apostel war durch sein Damaskus-Erlebnis die Fülle der Zeit angebrochen, die erfüllte Zeit: Kairos, so daß die Sabbathe, Neumonde und Feste mit dem Äon des Gesetzes versanken. Diese Entwertung der Feste, die nur aus der eschatologischen Naherwartung zu verstehen ist, konnte von der Kirche nicht verkraftet werden. Sie hat nicht nur einen Teil der alten Feste Israels in neuer Interpretation übernommen, sondern noch weitere hinzugefügt. Selbst die Kirchen der Reformation, die bewußten Regreß auf Paulus übten, konnten die Feste, wenn auch zahlenmäßig reduziert, nicht entbehren."[101]

Eine Religion lebt in ihren Festen. In ihnen stellt sie sich dar, hier kommt zum Ausdruck, worum es ihr geht. Weil „Gott […] nicht nur die ganze, sondern, weil die ganze, darum auch eine besondere Zeit [beansprucht]"[102], scheint es angebracht, das christliche Kirchenjahr und die in ihm ausgebildeten Feste zur Sprache zu bringen. Das umso mehr, als dass der christliche Gottesdienst in seiner Liturgie auf eben jene Feste Bezug nimmt, ja sogar Ausdruck solcher Feste ist.

---

100   Eine sehr ausführliche Darstellung bietet Bieritz, Karl-Heinrich, Das Kirchenjahr. Feste, Gedenk- und Feiertage in Geschichte und Gegenwart, München ⁶2001.
101   Ben-Chorn, Schalom, Die Feste des jüdischen Jahres, in: Theologisch-Praktische Quartalschrift 125 (1977) 158.
102   Barth, Karl, Die kirchliche Dogmatik III,4, Zürich 1957, 53.

Seit altersher bildet der Sabbat, wie er in den Schriften des Alten und Neuen Testaments bezeugt wird, den Mittelpunkt des Wochenpascha. Das Gebot der Ruhe am siebten Tag findet sich an verschiedenen Stellen. So heißt es Ex 23,12: „Sechs Tage sollst du deine Arbeit tun; aber am siebenten Tage sollst du feiern, auf daß dein Rind und Esel ruhen und deiner Sklavin Sohn und der Fremdling sich erquicken." Ähnliches in der dtn. Fassung des Dekalogs (Dtn 5,12-14): „Den Sabbattag sollst du halten, daß du ihn heiligest, wie dir der Herr, dein Gott, geboten hat. Sechs Tage sollst du arbeiten und alle deine Werke tun. Aber am siebenten Tag ist der Sabbat des Herrn, deines Gottes. Da sollst du keine Arbeit tun, auch nicht dein Sohn, deine Tochter, dein Knecht, deine Magd, dein Rind, dein Esel, all dein Vieh, auch nicht dein Fremdling, der in deiner Stadt lebt, auf daß dein Knecht und deine Magd ruhen gleichwie du." Im Hintergrund dieser beiden Texte steht Gen 2,2: „Und so vollendete Gott am siebenten Tage seine Werke, die er machte, und ruhte am siebenten Tage von allen seinen Werken, die er gemacht hatte." Der Sabbat wird bis heute von Juden auf der ganzen Welt begangen. Über das Verhältnis Jesu zum Sabbat wurde und wird viel spekuliert. In der Diskussion wird vor allem auf Mk 2,23-28 – und hier vor allem auf V. 27: „Der Sabbat ist um des Menschen willen gemacht und nicht der Mensch um des Sabbats willen." – und Lk 13,10-17 („Die Heilung einer verkrümmten Frau am Sabbat") Bezug genommen. Aus dem Sabbat als siebtem Tag der Woche wurde sehr schnell der Sonntag als erstem Tag der Woche: „Und als der Sabbat vergangen war, kauften Maria von Magdala und Maria, die Mutter des Jakobus, und Salome wohlriechende Öle, um hinzugehen und ihn zu salben. Und sie kamen zum Grab am ersten Tag der Woche, sehr früh, als die Sonne aufging" (Mk 16,1-2). Vgl. auch Apg 20,7: „Am ersten Tag der Woche aber, als wir versammelt waren, das Brot zu brechen, predigte ihnen Paulus, und da er am nächsten Tag weiterreisen wollte, zog er die Rede hin bis Mitternacht." Der Sonntag als erster Tag der Woche ist der Auferstehungstag: „Am Abend aber dieses ersten Tages der Woche, als die Jünger versammelt und die Türen verschlossen waren aus Furcht vor den Juden, kam Jesus und trat mitten unter sie und spricht zu ihnen: Friede sei mit euch! Und als er das gesagt hatte, zeigte er ihnen die Hände und seine Seite. Da wurden die Jünger froh, daß sie den Herrn sahen" (Joh 20,19-20). Der Sonntag wurde und wird nicht nur als „Tag der Auferstehung" bezeichnet, sondern auch als „Herrentag": „Wenn ihr am Herrentag zusammenkommt, brecht das Brot und sagt Dank, nachdem ihr zuvor eure Übertretungen bekannt habt, damit euer Opfer rein sei" (Didache 14,1). Eine Deutung dieses Tages findet sich bei Hieronymus: „... Der Herrntag, der Tag der Auferstehung, der Tag der Christen, das ist unser Tag. Darum wird er auch Herrntag genannt: weil der Herr an ihm als Sieger zum Vater auffuhr. Wenn er also von den Heiden Sonntag genannt wird, bekennen wir auch das überaus bereitwillig: denn heute ist das Licht der Welt erschienen, heute ist die Sonne der Gerechtigkeit erschienen, in deren Strahlen Heil ist ..."[103]

---

103 Cantalamessa, Raniero (Hg.), Ostern in der Alten Kirche, Bern – Frankfurt – Las Ve-

Heute gilt der Sonntag in der Regel als Freizeit-Tag. Damit kommt es zunehmend zu einer Verelendung und Verbürgerlichung dieses Tages. Das folgende Gedicht mag dies verdeutlichen:[104]

> Sonntags in der kleinen Stadt,
> wenn die Spinne Langeweile
> Fäden spinnt und ohne Eile
> giftig-grau die Wand hochkriecht,
> wenn's blank und frisch gebadet riecht,
> dann bringt mich keiner auf die Straße,
> und aus Angst und Ärger lasse
> ich mein rotes Barthaar stehn,
> lass' den Tag vorübergehn,
> hock am Fenster, lese meine
> Zeitung, decke Bein mit Beine,
> seh, hör und rieche nebenbei
> das ganze Sonntagseinerlei.
>
> Da treten sie zum Kirchgang an,
> Familienleittiere voran,
> Hütchen, Schühchen, Täschchen passend,
> ihre Männer unterfassend,
> die sie heimlich vorwärts schieben,
> weil die gern zu Hause blieben.
> Und dann kommen sie zurück
> mit dem gleichen bösen Blick,
> Hütchen, Schühchen, Täschchen passend,
> ihre Männer unterfassend,
> die sie heimlich heimwärts ziehn,
> daß sie nicht in Kneipen fliehn.
>
> Wenn die Bratendüfte wehen,
> Jungfraun den Kaplan umstehen,
> der so nette Witzchen macht,
> und wenn es dann so harmlos lacht,
> wenn auf allen Fensterbänken
> Pudding dampft, und aus den Schenken
> schallt das Lied vom Wiesengrund
> und daß am Bach ein Birklein stund,
> alle Glocken läuten mit,

---

gas 1981, 168-171 (Traditio Christiana 4).
104 Degenhardt, Franz Josef, Spiel nicht mit den Schmuddelkindern. Balladen, Chansons, Grotesken, Lieder, Hamburg 1967.

die ganze Stadt kriegt Appetit:
Das ist dann genau die Zeit,
da frier ich vor Gemütlichkeit.

Da hockt die ganze Stadt und mampft,
daß Bratenschweiß aus Fenstern dampft.
Durch die fette Stille dringen
Gaumenschnalzen, Schüsselklingen,
Messer, die auf Knochen stoßen,
und das Blubbern dicker Soßen.
Hat nicht irgendwas geschrien?
Jetzt nicht aus dem Fenster sehn,
wo auf Hausvorgärtenmauern
ausgefranste Krähen lauern.
Was nur da geschrien hat?
Ich werde so entsetzlich satt.

Wenn Zigarrenwolken schweben,
aufgeblähte Nüstern beben,
aus Musiktruhn Donauwellen
plätschern, über Mägen quellen,
hat die Luft sich angestaut,
die ganze Stadt hockt und verdaut.
Woher kam der laute Knall?
Brach ein Flugzeug durch den Schall?
Oder ob mit 'm Mal die Stadt
ihr Bäuerchen gelassen hat?
Die Luft riecht süß und säuerlich.
Ich glaube, ich erbreche mich.

Dann geht's zu den Schlachtfeldstätten,
um im Geiste mitzutreten,
mitzuschießen, mitzustechen,
sich für wochentags zu rächen,
um im Chor Worte zu röhren,
die beim Gottesdienst nur stören.
Schinkenspeckgesichter lachen
treuherzig, weil Knochen krachen
werden. Ich verstopf die Ohren
meiner Kinder. Traumverloren
hocken auf den Stadtparkbänken
Greise, die an Sedan denken.

Dann ist die Spaziergangstunde,
durch die Stadt, zweimal die Runde.
Hüte ziehen, spärlich nicken,
wenn ein Chef kommt, tiefer bücken.
Achtung, daß die Sahneballen
dann nicht in den Rinnstein rollen.
Kinder baumeln, ziehen Hände,
man hat ihnen bunte, fremde
Fliegen – Beine ausgefetzt –
sorgsam an den Hals gesetzt,
daß sie die Kinder beißen solln,
wenn sie zum Bahndamm fliehen wolln.

Wenn zur Ruh die Glocken läuten,
Kneipen nur ihr Licht vergeuden,
wird's in Couchecken beschaulich.
Das ist dann die Zeit, da trau ich
mich hinaus, um nachzusehen,
ob die Sterne richtig stehen.
Abendstille überall. Bloß
manchmal Lachen wie ein Windstoß
über ein Mattscheibenspäßchen.
Jeder schlürft noch rasch ein Gläschen
und stöhnt über seinen Bauch
und unsern kranken Nachbarn auch.

Sonntags in der kleinen Stadt,
sonntags in der deutschen Stadt.

2. Der christliche Festkalender – Aufbau und Inhalt

Der christliche Festkalender bildete sich erst im 3. und 4. Jahrhundert aus.[105] Das Kirchenjahr beginnt mit dem 1. Advent und endet mit dem Ewigkeitssonntag. Das Kirchenjahr umfasst die Adventszeit, Weihnachten und die Weihnachtszeit, Epiphanias und die Epiphaniaszeit (mit dem letzten Sonntag nach Epiphanias), die Passionszeit, Gründonnerstag, das „Triduum sacrum" aus Karfreitag, Karsamstag und Ostern, Pfingsten, Trinitatis und die Sonntage nach Trinitatis. Das Kirchenjahr ist Ausdruck des Wunsches, das Leben Jesu nachzu-

---

105 Anders hingegen Albrecht, Christoph, a.a.O., 95, der die Ausbildung des Kirchenjahres mit der Festlegung des Ostertermins im 2. Jh. datiert.

zeichnen. Insofern ist es Christusjahr: „Es beginnt mit der Vorbereitung auf die Geburt Christi und endet mit dem Sonntag vom Jüngsten Gericht."[106]

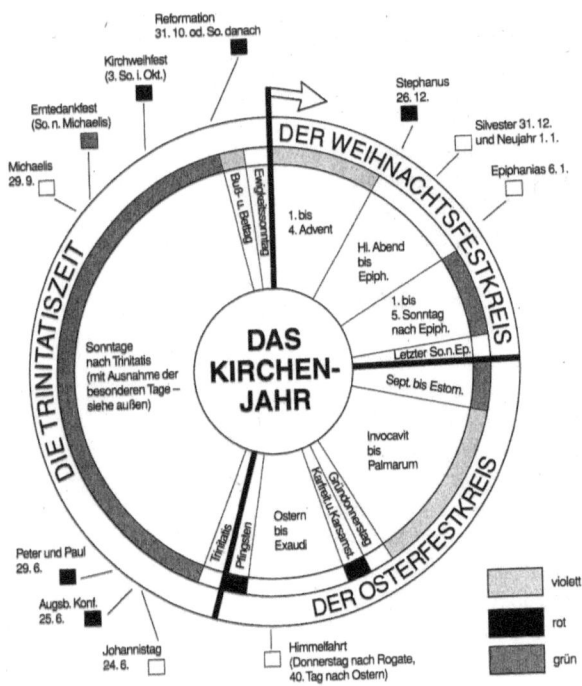

Durch die Feste des Kirchenjahres erfolgt eine Unterbrechung des Alltags, ein Gedenken an die Ereignisse der Heilsgeschichte. „Jedes wirkliche Fest ist von den Göttern gestiftet. Es spielt sich ab im Konfliktfeld zwischen Leben und Tod. [...] Zum Fest gehören Tanz, Gesang, Musik, gutes Essen und Trinken. Das Fest stiftet Gemeinschaft."[107] Darüber hinaus bewirkt das Fest „die Aufsprengung des Bewußtseins- und Lebensfeldes, also Seins- und Bewußtseinserweiterung, Steigerung des Lebens in jeder Richtung"[108]. Die nach wie vor anhaltende Attraktivität der religiösen und säkularen Feste führt Josuttis auf die durch sie erfolgende Verbindung „isolierte[r] Individuen in eine Gemein-

---

106 Ebd.
107 Josuttis, Manfred, Der Weg in das Leben, a.a.O., 54, der ebd. einen Eskimo-Mythos wiedergibt, in dem alles enthalten ist, was für das Verständnis des Festes wesentlich ist.
108 Martin, G. M., Fest und Alltag. Bausteine zu einer Theorie des Festes, Stuttgart 1973, 21f, zit. nach: Josuttis, Manfred, Der Weg in das Leben, a.a.O., 55.

schaft"[109] zurück und darauf, dass sie „möglicherweise in Wirklichkeitsbereiche hineinführen, die dem Alltagsbewußtsein verschlossen sind"[110]. Die Bedeutung der Feste – und damit zugleich die Bedeutung des Sonntags – (wieder) zur Geltung zu bringen, sollte das Ziel jeder Liturgie sein. Andernfalls laufen wir Gefahr, dass bestimmte „Wochenendrituale" wie Einkäufe, Autoputz und der Besuch eines Fußballspiels dem Gottesdienst den Rang ablaufen, denn „es gibt Wochenendrituale, die werden inniger und hingebungsvoller zelebriert, als eine römische Messe je gefeiert werden konnte"[111]. Stattdessen soll der Gottesdienst „eine Vergewisserung im Glauben geben, nachdem man sechs Tage lang von den Kollegen, von der Familie oder vom eigenen Zweifeln nur noch widerlegt wurde"[112].

---

109   Ebd., 56.
110   Ebd. Vgl. auch Gebhardt, W., Fest, Feier und Alltag. Über die gesellschaftliche Wirklichkeit des Menschen und ihre Deutung, Frankfurt 1987, 50, zit. in: Josuttis, Manfred, Der Weg in das Leben, a.a.O., Fußnote 14: „Das Fest hilft, den Alltag zu bewältigen, indem es ihn aufhebt. Die Feier hilft, den Alltag zu bewältigen, indem sie ihn bewußt macht, d.h. ihn als ein sinnvolles Geschehen ins Bewußtsein hebt. Feste und Feiern sind zwei soziale Mechanismen, in denen sich die grundsätzliche Dialektik von Außeralltäglichem und Alltäglichem verkörpert."
111   Möller, Christian, Gottesdienst als Gemeindeaufbau. Ein Werkstattbericht, Göttingen ²1990, 122.
112   Ebd., 87.

VI. Zur Vielfalt gottesdienstlicher Formen

1. Der katholische Gottesdienst der Gegenwart (vgl. auch III./4.1.3)

Das katholische Gottesdienstverständnis der Gegenwart ist ganz erheblich geprägt von der Liturgiereform des Zweiten Vatikanischen Konzils (vgl. im Folgenden TRE 21, 390f.). Es ist bestimmt durch das dialogische Konzept der Vergegenwärtigung des Heils durch Gott und der Antwort des Menschen in Dank und Bitte (Liturgiekonstitution 1963, 33). Die Liturgie ist „Vollzug des Priesteramtes Jesu Christi; durch sinnenfällige Zeichen (signa sensibilia, auch mit „Symbole" übersetzbar) wird in ihr die Heiligung des Menschen bezeichnet und in je eigener Weise bewirkt" (7). Die Liturgie ist darüber hinaus Vergegenwärtigung des Pascha-Mysteriums Christi (5-7.102ff.). Er selbst ist in vielfältiger Weise gegenwärtig: in der Versammlung der Gläubigen, in der ganzen Handlung, in den eucharistischen Gestalten, in der Person des Vorstehers und vor allem in seinem Wort (7). Die Liturgie ist kein isoliertes Handeln des Priesters, sondern Handeln des ganzen Volkes Gottes und darin zugleich Quelle und Ziel alles Tuns der Kirche (10.26-29). Das Wesen der Liturgie fordert die „volle, bewußte und tätige Teilnahme" aller Gläubigen (plena, conscia atque actuosa participatio). Hier wird ausdrücklich auf 1. Petr 2,9 verwiesen (14). Der einen endzeitlichen Liturgie vor Gottes Angesicht entsprechen auf dieser Erde verschiedene teilkirchliche Liturgien. Dem Uniformitätsprinzip des nachtridentinischen Messbuchs Pius' V. (1570) wird der Abschied gegeben zugunsten regionaler Inkulturation. Dazu gehört auch die Muttersprache (4.8.37-40.54). Liturgie ist nicht zuletzt Wortgeschehen. Die Schrift hat ihre Sprache geprägt. Sie soll – vornehmlich durch Lesungen und Predigt, letztere als „Teil der Liturgie" verstanden und in jeder Sonn- und Feiertagsmesse zur Pflicht gemacht – „jenes innige und lebendige Ergriffensein von der Heiligen Schrift (fördern), von dem die ehrwürdige Überlieferung östlicher und westlicher Riten zeugt" (24.35.52).

Dass die Gottesdienstreform im Katholizismus ein tiefer Einschnitt in der Liturgiegeschichte der römischen Kirche war (und ist), wird daran deutlich, dass „zunächst und hauptsächlich [eine] Reform im Verständnis und in der Gestaltung der zentralen liturgischen Feier, der Messe"[113] gemeint ist. E. J. Lengeling hat „vier liturgiegeschichtliche Grundzüge" herausgearbeitet, „welche die gesamte Konstitution prägen"[114]. Entscheidende Kriterien bei der Neugestaltung der Liturgie sind das Prinzip der Anpassung, d.h. veraltete Stücke und widersprechende Elemente können (und müssen) überarbeitet werden, ferner die Respektierung der innerkirchlichen Vielfalt und das Prinzip der Vereinfachung.[115]

---

113 Josuttis, Manfred, § 7: Gottesdienstreform im Katholizismus, in: Wintzer, Friedrich u.a., a.a.O., 70.
114 Vgl. im einzelnen die Darstellung ebd., 74.
115 Vgl. hierzu ebd., 74f.

Hervorzuheben ist die schon oben erwähnte aktive Partizipation aller Gläubigen am Gottesdienst, die aber „nach katholischem Verständnis den grundlegenden Unterschied zwischen Klerus und Laien nicht aufheben [kann]"[116].

Die Messe in ihrer heutigen Gestalt ist das Ergebnis eines langen Entwicklungsprozesses. Ihre Liturgie „ist ein so recht kompliziertes Gebilde geworden, in dessen Einzelheiten sich nicht jeder sofort zurechtfindet. Sie ist vergleichbar mit einem alten, tausendjährigen Schloß, das mit seinen krummen Gängen und schmalen Treppen, mit seinen hohen Türmen und weiten Sälen den, der es betritt, zunächst fremdartig anmutet. Man wohnt bequemer in einer modernen Villa. Aber es liegt etwas Adeliges in dem alten Bau. Das geistige Erbe vergangener Jahrhunderte ist in seinen Mauern aufgespeichert, die Baugedanken vieler Generationen sind hineingebaut. Aber sie müssen von den späten Geschlechtern gehoben werden. So kann auch in der Meßliturgie erst geschichtliche Betrachtung, der Nachvollzug der über viele Jahrhunderte gehenden Genesis, ein genaueres Verständnis möglich machen."[117] Zu den Fundamenten der Messe vgl. das oben Gesagte. An dieser Stelle sei noch hingewiesen auf Apg 2,46 und Lk 24,13-35. Beide Texte beschreiben Sachverhalte, die für die Feier der Messliturgie wesentlich geworden sind. So heißt es Apg 2,46: „Und sie waren täglich einmütig beieinander im Tempel und brachen das Brot hier und dort in den Häusern, hielten die Mahlzeiten mit Freude und lauteren Herzen." Eine andere Traditionslinie geht zurück auf die Emmausperikope. Hier sei exemplarisch auf Lk 24,30-32 verwiesen: „Und es geschah, als er mit ihnen zu Tisch saß, nahm er das *Brot*, dankte, brach's und gab's ihnen. Da wurden ihre *Augen* geöffnet, und sie erkannten ihn. Und er verschwand vor ihnen. Und sie sprachen untereinander: Brannte nicht unser *Herz* in uns, als er mit uns redete auf dem Wege und uns die *Schrift* öffnete?" Gottesdienstliche Feier besteht seit ihren Anfängen aus der Wortverkündigung („Schrift") und der gemeinsamen Feier des Herrenmahls („Brot"). Es handelt sich um ein Geschehen, das Körper und Geist bewegt, das Sinne ansprechen will („Augen" – „Herz").

Die älteste Beschreibung der Messe in ihrer Grundgestalt findet sich bei Justin. Hier hießt es: „Wir aber erinnern in der Folgezeit einander immer hieran, wenn wir können, allen, die Mangel haben, und halten einträchtig zusammen. Bei allem aber, was wir zu uns nehmen, preisen wir den Schöpfer des Alls durch seinen Sohn Jesus Christus und durch den Heiligen Geist. An dem Tage, den man Sonntag nennt, findet eine Versammlung aller statt, die in Städten oder auf dem Lande wohnen; dabei werden die Denkwürdigkeiten der Apostel oder die Schriften der Propheten vorgelesen, solange es angeht. Hat der Vorleser aufgehört, so gibt der Vorsteher in einer Ansprache eine Ermahnung und Aufforderung zur Nachahmung all dieses Guten. Darauf erheben wir uns alle zusammen und senden Gebete empor. Und wie schon erwähnt wurde, wenn wir mit dem

---

116   Ebd., 76.
117   Jungmann, J. A., Missarum Sollemnia 1, Freiburg 1958, 2.

Gebete zu Ende sind, werden Brot, Wein und Wasser herbeigeholt, der Vorsteher spricht Gebete und Danksagungen mit aller Kraft, und das Volk stimmt ein, indem es das Amen sagt. Darauf findet die Ausspendung statt, jeder erhält seinen Teil von dem Konsekrierten; den Abwesenden aber wird er durch die Diakonen gebracht. Wer aber die Mittel und guten Willen hat, gibt nach seinem Ermessen, was er will, und das, was da zusammenkommt, wird bei dem Vorsteher hinterlegt; dieser kommt damit Waisen und Witwen zu Hilfe, solchen, die wegen Krankheit oder aus sonst einem Grunde bedürftig sind, den Gefangenen und Fremdlingen, die in der Gemeinde anwesend sind, kurz, er ist allen, die in der Stadt sind, ein Fürsorger. Am Sonntage aber halten wir alle gemeinsam die Zusammenkunft, weil er der erste Tag ist, an welchem Gott durch Umwandlung der Finsternis und des Urstoffes die Welt schuf und weil Jesus Christus, unser Erlöser, an diesem Tage von den Toten auferstanden ist. Denn am Tage vor dem Saturnustage kreuzigte man ihn und am Tage nach dem Saturnustage, d.h. am Sonntage, erschien er seinen Aposteln und Jüngern und lehrte sie das, was wir zur Erwägung auch euch vorgelegt haben."[118]

Der Aufbau der Messe, wie er von Justin beschrieben wird, findet sich in allen folgenden Messliturgien wieder.

Während der Schwerpunkt der vorvatikanischen Messe auf „Opferung", „Wandlung" und „Kommunion" gelegt wird, besteht die Grundstruktur des nachvatikanischen Messordo aus zwei Teilen, „dem Wortgottesdienst und der Eucharistiefeier, die jedoch so eng miteinander verbunden sind, daß sie eine einzige Gottesdienstfeier bilden; denn in der Messe wird der Tisch des Gotteswortes wie des Herrenleibes bereitet, von ihm wird den Gläubigen Lehre und Speise geboten. Dazu kommen noch jene Teile, welche die Feier eröffnen und beschließen."[119]

Die Messe in ihrer heutigen Gestalt setzt an mit einem Eröffnungsteil. Dieser besteht aus Einzug, Begrüßung, Allgemeinem Schuldbekenntnis, Kyrie, Gloria und Tagesgebet. Diese liturgischen Stücke vor dem Wortgottesdienst dienen als Anfang, Einführung und Vorbereitung der ganzen Feier. Die versammelten Gläubigen sollen eine Gemeinschaft bilden und befähigt werden, in rechter Weise das Wort Gottes zu hören und würdig die Eucharistie zu feiern gemäß Mt 18,20: „Wo zwei oder drei versammelt sind in meinem Namen, da bin ich mitten unter ihnen" (AEM 24). Der Gesang zur Eröffnung soll die Verbundenheit der Teilnehmer vertiefen und sie in das Mysterium der liturgischen Zeit oder des jeweiligen Festes einführen (AEM 25). Dann ruft der Priester der versammelten Gemeinde durch den Gruß die Gegenwart des Herrn ins Bewusstsein (AEM 28). Der Gruß hat schon im Neuen Testament seinen Platz. So heißt es

---

118 Justin, Apologie I,67, in: Wartelle, A. (Hg.), Saint Justin. Apologies, Paris 1987.

119 Allgemeine Einführung in das römische Meßbuch, in: Sekretariat der Deutschen Bischofskonferenz, Arbeitshilfen 77: Die Meßfeier. Dokumentensammlung. Auswahl für die Praxis, Bonn [4]1993.

Joh 20,19-20: „Am Abend aber dieses ersten Tages der Woche, als die Jünger versammelt und die Türen verschlossen waren aus Furcht vor den Juden, kam Jesus und trat mitten unter sie und spricht zu ihnen: Friede sei mit euch! Und als er das gesagt hatte, zeigte er ihnen die Hände und seine Seite. Da wurden die Jünger froh, daß sie den Herrn sahen." Der Gruß in der Liturgie lautet „Der Herr sei mit euch" („Dominus vobiscum"), worauf die Gemeinde mit „Und mit deinem Geiste" („Et cum spiritu tuo") antwortet. Das Allgemeine Schuldbekenntnis findet schon in Didache 14,1 Erwähnung: „Wenn ihr am Herrentag zusammenkommt, brecht das Brot und sagt Dank, nachdem ihr zuvor eure Übertretungen bekannt habt, damit euer Opfer rein sei."[120] Auf das Allgemeine Schuldbekenntnis folgt das Kyrie. „Was das ʼHurraʼ des 19. Jahrhunderts, das ʼHeilʼ der hitlerischen Ära, das ʼHotschiminʼ der studentischen Revolten um 1965 bedeutete, war das ʼKyrie, eleisonʼ in der antiken Welt – ein etwas unartikulierter, halb militärischer, halb demonstrativer Jubelruf, mit anderen Rufen zur unendlichen Litanei verbunden."[121] Auch hier bilden biblische Belegstellungen den Hintergrund, so z.B. Ps 6,2-3: „Ach Herr, strafe mich nicht in deinem Zorn und züchtige mich nicht in deinem Grimm! Herr, sei mir gnädig, denn ich bin schwach; heile mich, Herr, denn meine Gebeine sind erschrocken." Vgl. auch Ps 118,25-26: „O Herr, hilf! O Herr, laß wohlgelingen! Gelobt sei, der da kommt im Namen des Herrn! Wir segnen euch, die ihr vom Hause des Herrn seid."[122] Das Kyrie hat, wie so viele der liturgischen Stücke, zahlreiche Reformen erfahren, so z.B. unter Gregor dem Großen. Das sich anschließende Gloria in excelsis Deo (Ehre sei Gott in der Höhe) gibt Gott die Ehre. Die Ehre gilt dem, dem zuvor die Bitte um Vergebung unterbreitet wurde. Er ist es auch, der im Kollektengebet angeredet wird. Das Kollektengebet sammelt die Bitten der Gemeinde und fasst sie zusammen (daher der Name „Kollekte" = Zusammenfassung). Das Gebet soll niemanden überfordern, denn „desgleichen hilft auch der Geist unsrer Schwachheit auf. Denn wir wissen nicht, was wir beten sollen, wie sich's gebührt; sondern der Geist selbst vertritt uns mit unaussprechlichem Seufzen" (Röm 8,26). Gebete sind keineswegs dafür gedacht, Psychologie zu treiben und den Betenden ein schlechtes Gewissen zu machen, wie folgendes Beispiel demonstriert: „Herr, wir haben auf weite Strecken hin die Richtung zu unseren Mitmenschen verloren. Laß uns im Zuge der Menschwerdung dieser Welt von neuem den Blick dafür gewinnen, daß wir diese Richtung klar entdecken und

---

120 Vgl. das bei Brinktrine, J., Die feierliche Papstmesse, Rom 1950 Gesagte: „Nachlassung, Vergebung und Lossprechung aller eurer Sünden, Zeit für eine wahre und fruchtreiche Buße, ein stets bußfertiges Herz und Besserung des Lebens, die Gnade und die Tröstung des Heiligen Geistes und die endliche Beharrlichkeit in guten Werken verleihe euch der allmächtige und barmherzige Herr. Amen."
121 Schnitzler, Th., Was die Messe bedeutet. Hilfen zur Mitfeier, Freiburg o.J., 73f.
122 Zu den Akklamationen in der Bibel vgl. noch Mt 20,29-34 und Mt 21,9.

uns auf den tausendfältigen Weg machen, der nah und fern zum Menschen führt."[123]

Der nun einsetzende Wortgottesdienst hat die Schriften Alten und Neuen Testaments zum Gegenstand, denn „gegenwärtig ist er in seinem Wort, da er selbst spricht, wenn die heiligen Schriften in der Kirche gelesen werden" (SC 7). Vgl. auch SC 51: „Auf daß den Gläubigen der Tisch des Gotteswortes reicher bereitet werde, soll die Schatzkammer der Bibel weiter aufgetan werden, so daß innerhalb einer bestimmten Anzahl von Jahren die wichtigsten Teile der Heiligen Schrift dem Volk vorgetragen werden." Auch hier ein Blick ins Neue Testament: „Sie aber zogen von Perge weiter und kamen nach Antiochia in Pisidien und gingen am Sabbat in die Synagoge und setzten sich. Nach der Lesung des Gesetzes und der Propheten aber schickten die Vorsteher der Synagoge zu ihnen und ließen ihnen sagen: Liebe Brüder, wollt ihr etwas reden und das Volk ermahnen, so sagt es" (Apg 13,14-15). Die Lesung alttestamentlicher Texte ist hierbei ein Ausdruck der „Begegnung zwischen dem Gottesvolk des von Gott nie gekündigten Alten Bundes und dem des Neuen Bundes [und] zugleich ein Dialog innerhalb unserer Kirche, gleichsam zwischen dem ersten und zweiten Teil ihrer Bibel"[124]. Unter den Schriften des Alten Testaments nimmt der Psalter eine hervorragende Stellung ein. Die Epistellesung wird dem Sachverhalt gerecht, dass auch schon in den neutestamentlichen Gemeinden apostolische Briefe vorgelesen und ausgeliehen wurden: „Grüßt die Brüder in Laodizea und die Nympha und die Gemeinde in ihrem Hause. Und wenn der Brief bei euch gelesen ist, so sorgt dafür, daß er auch in der Gemeinde von Laodizea gelesen wird und daß ihr auch den von Laodizea lest" (Kol 4,15-16). Auf die Epistel folgt das „Halleluja", das u.a. im Psalter, in der jüdischen Liturgie und im Neuen Testament gebraucht wird.[125] Auf die Epistel folgt das Evangelium als Höhepunkt des Wortgottesdienstes, dem sich die Predigt und das Credo anschließen. Der nun folgenden Eucharistiefeier durften die Katechumenen (Taufbewerber) nicht beiwohnen. Sie wurden unter Gebeten entlassen.

Für die Praxis des gemeinsamen Mahls in Erinnerung an und zur Vergegenwärtigung des Herrn gibt es im Neuen Testament zahlreiche Belege. Apg 2,42 heißt es: „Sie blieben aber beständig in der Lehre der Apostel und in der Gemeinschaft und im Brotbrechen und im Gebet." Bekannter sind die sogenannten Einsetzungsworte (1. Kor 11,23-26). In unserem Zusammenhang ist vor allen 1. Kor 11,26 von Bedeutung: „Denn sooft ihr von diesem Brot eßt und aus dem Kelch trinkt, verkündigt ihr den Tod des Herrn, bis er kommt." Zur Grundstruktur von Abendmahl und Eucharistiefeier vgl. AEM 48: „Beim Letzten Abend-

---

123 Franzen, F., Motivmessen 2, Essen 1970, 91.
124 Dohmen, Ch., Nur die halbe Wahrheit? Für die Einheit der ganzen Bibel, Freiburg u.a. 1993, der hier Papst Johannes Paul II. zitiert.
125 Vgl. nur Ps 111-117 und Ps 150, Mk 14,26 („Nach dem Lobgesang gingen sie zum Ölberg hinaus"), Offb 19,1-6 und die Pesach-Haggadah.

mahl setzte Christus das Opfer und das österliche Mahl ein, durch das in der Kirche das Kreuzesopfer immer gegenwärtig wird, sooft der Priester, der Christus den Herrn darstellt, das vollzieht, was Christus selbst getan und den Jüngern zu seinem Gedächtnis zu tun anvertraut hat. Christus nahm das Brot und den Kelch, sprach den Lobpreis, brach das Brot und reichte beides seinen Jüngern mit den Worten: Nehmt, eßt und trinkt, das ist mein Leib, das ist der Kelch meines Blutes. Tut dies zu meinem Gedächtnis. Die Kirche hat die Liturgie der Eucharistiefeier so geordnet, daß sie diesen Worten und Handlungen Christi entspricht: 1) Bei der Gabenbereitung werden Brot und Wein sowie Wasser zum Altar getragen, jene Elemente, die Christus in seine Hände genommen hat. 2) Im eucharistischen Hochgebet wird Gott für das gesamte Heilswerk gedankt, und die Gaben werden zu Christi Leib und Blut. 3) Im Teilen des einen Brotes wird die Einheit der Gläubigen kundgetan, und in der Kommunion empfangen sie den Leib und das Blut des Herrn wie einst die Apostel aus Christi Hand." Das Gläubigen- oder Fürbittgebet schließt all das mit ein, wofür die Gemeinde betet. „In den Fürbitten übt die Gemeinde durch ihr Beten für alle Menschen ihr priesterliches Amt aus" (AEM 45). Sie alle werden mit hinein genommen in das eine Gebet der Gemeinde. Unter Gesang und Gebeten erfolgt nun die Gabenbereitung. Die Beräucherung des Altars hat einen Anhalt in Ps 141,2-4: „Mein Gebet möge vor dir gelten als ein Räucheropfer, das Aufheben meiner Hände als ein Abendopfer. Herr, behüte meinen Mund und bewahre meine Lippen! Neige mein Herz nicht zum Bösen, gottlos zu leben mit den Übeltätern." Das Eucharistiegebet hat ebenfalls eine lange Tradition. Es geht zurück auf die Strukturen des häuslichen Mahls und des Nachtischgebets, wie es in jüdischem Kontext begegnet. Die Evangelien geben das Geschehen auf ihre je eigene Weise wieder (vgl. Mt 26,26-29; Mk 14,22-25; Lk 22,15-20 und Joh 6,51-59). Außerhalb der Evangelien ist neben den bereits genannten Texten noch auf Apg 2,42-47 und 1. Kor 10,16-17 hinzuweisen. 1. Kor 11,17-34 gilt als der wohl bekannteste Beleg in diesem Zusammenhang. An das Eucharistische Hochgebet schließen sich der Eröffnungsdialog, die Präfation („In Wahrheit ist es würdig und recht, dir, Herr, heiliger Vater, allmächtiger, ewiger Gott, immer und überall zu danken. ... Darum singen wir mit den Engeln und Erzengeln, den Thronen und Mächten und mit all den Scharen des himmlischen Heeres den Hochgesang von deiner göttlichen Herrlichkeit: Heilig, heilig, heilig ..."), das Sanctus, die Wandlung (Einsetzungsbericht) und deren symbolische Veranschaulichung durch die Elevation, die Anamnese („Deinen Tod, o Herr, verkünden wir, und deine Auferstehung preisen wir, bis du kommst in Herrlichkeit.") und die Epiklese (Anrufung des Heiligen Geistes) an. Zur Kommunion gehören das Vaterunser, das Friedensgebet und der Friedensgruß (mit Friedenszeichen; vgl. Joh 20,19-20; 2. Kor 13,11-13 und 1. Kor 16,19-24), die Brechung des Brotes (vgl. 1. Kor 10,16-17: „Der gesegnete Kelch, den wir segnen, ist der nicht die Gemeinschaft des Blutes Christi? Das Brot, das wir brechen, ist das nicht die Gemeinschaft des Leibes Christi? Denn **ein** Brot ist's: So sind wir viele **ein** Leib, weil wir alle an **einem** Brot teilhaben.") und seine Mischung (ein Teil der Hostie wird in den Kelch gesenkt), der Ruf „Lamm Gottes" (Agnus Dei), ein stilles Gebet vor der Kommunion, die Einladung zum Kommunionempfang, die Kommunion des Priesters und der Gläubigen, der Gesang zur Kommunion, Stille (zum Danken und Loben) und das Schlussgebet.

Den Abschluss der Messe bilden Wechselgruß (Salutatio), Segen und Entlassung.

Diese Hinweise mögen an dieser Stelle genügen. Interessierte LeserInnen seien auf die zahlreichen Veröffentlichungen verwiesen, die zu diesem Thema erschienen sind. Eine Auswahl an Literatur ist im Anhang beigefügt.

2. Über Chancen und Risiken neuartiger Gottesdienstformen und die Notwendigkeit mehrgleisiger Gottesdienstkonzepte

Neuartige Gottesdienstformen sind die Reaktion auf die Feststellung, dass viele Menschen heute ein Leben in Distanz zum christlichen Glauben und zur christlichen Gemeinde führen und / oder sich in der eigenen Kirche zunehmend fremd fühlen. Die Gründe für distanziertes Verhalten zur Kirche sind vielfältig. Die sogenannten „Kirchendistanzierten" sind eigentlich nur noch auf dem Papier Kirchenmitglieder, nehmen die Angebote der Kirche aber schon lange nicht mehr wahr. Eine andere Gruppe sind die sogenannten „Kirchenfernen", die von den Kirchendistanzierten eigentlich nur dadurch unterschieden werden können, dass sie ihre Kirchenmitgliedschaft beendet haben. Eine dritte Gruppe sind die „Kirchenfrustrierten", die negative Erfahrungen mit der Kirche gemacht haben und an einen Austritt denken. Sie beklagen sich über das Erscheinungsbild von Kirche, sind aber in der Regel nicht bereit, an einer Veränderung dieses Erscheinungsbildes mitzuwirken. Fulbert Steffensky spricht in diesem Kontext von dem „traditionsfreie[n] Mensch, der sich selber Horizont und Norm ist"[126]. Eine andere Einteilung geht entsprechend der Kirchenbindung von einer gestuften Nachfragerschaft aus und spricht von „überzeugten Kirchenmitgliedern", die (fast) jeden Sonntag in den Gottesdienst kommen und sich in Form von ehrenamtlicher Mitarbeit in der Kirchengemeinde engagieren, und den sogenannten „Kasualchristen", die Mitglieder sind aus Tradition und zu wichtigen lebensgeschichtlichen Anlässen wie Taufe, Konfirmation, Trauung und Bestattung einen Gottesdienst besuchen und die Dienste der Kirche in Anspruch nehmen. Ehrenamtliche Aufgaben in der Gemeinde übernehmen „Kasualchristen" nur gelegentlich und in der Regel nur dann, wenn es sich um ein klar umrissenes und zeitlich begrenztes Projekt handelt. Die sogenannten „Taufscheinchristen" sind in die Kirche gewissermaßen hineingeboren worden, tauchen aber so gut wie nie zu kirchlichen Veranstaltungen auf und sind aus verschiedenen Gründen Kirchenmitglied: aus Tradition oder aufgrund des sozialen Drucks

---

126 Steffensky, Fulbert, Das Haus, das die Träume verwaltet, Würzburg ⁵1999, 20.

("das gehört sich eben"). Aber auch sie sind nach allgemeinem Verständnis Kandidaten für einen Kirchenaustritt.

Im Blick auf den Gottesdienst ist nun zu sagen, dass Paulus den nichtchristlichen (!) Gottesdienstbesucher Paulus „zum Kriterium für den Ablauf und die Ordnung des Gottesdienstes [erhebt]. Aber der Außenstehende ist nur deshalb und insofern das Kriterium des Gottesdienstes, als er zum Glauben und zum Anschluß an die Gemeinde gerufen und eingeladen werden soll. [...] Niemals wird der Ungläubige an sich zum Kriterium, und unmöglich ist die Vorstellung, er solle den Gottesdienst wieder so verlassen, wie er gekommen ist. Paulus will vielmehr »ihrer viele gewinnen« (1 Kor 9,19)."[127] Und weiter heißt es: „Die, die schon glauben, werden in ihrem Glauben bestärkt und gefestigt (1 Kor 14,3); die, die noch nicht glauben, werden zum Glauben geführt und in die Gemeinde eingegliedert."[128] Um letztere geht es häufig, wenn von neuartigen Gottesdienstformen die Rede ist.

Weil das Christentum keine Privatreligion und auf Gemeinschaft hin angelegt ist, versuchen immer mehr Gemeinden, die zurückgehende Zahl von Gottesdienstbesuchern in ihr Gegenteil zu verkehren. Das geschieht u.a. durch Gottesdienstkonzepte wie „GoSpecial" und „Kirche anders", die von der Überzeugung geleitet werden, dass die Zukunft des Gottesdienstes in einem mehrgleisigen Gottesdienstkonzept liegt. Das übliche Einerlei von Gottesdiensten soll auf diese Weise durchbrochen werden. Im Vordergrund steht die noch stärkere Einbindung und Mitwirkung der Gottesdienstbesucher. Die Teilnahme an solchen Gottesdiensten soll aber nur ein erster Schritt sein auf dem Weg zu dem Ziel, in der Gemeinde eine Heimstatt zu finden und ehrenamtliche Tätigkeiten und Aufgaben zu übernehmen. Neuartige Gottesdienste stehen damit am Anfang einer durchdachten Gemeindephilosophie. „GoSpecial" und „Kirche anders" bieten die Möglichkeit, möglichst niederschwellig Gott kennen zu lernen, einen (ersten) Zugang zu Gott und zur Kirche zu finden. Die Initiatoren von „GoSpecial" verweisen auf „leidenschaftliche Spiritualität", „inspirierende Gottesdienste" und ein „ansteckendes Christsein". „Die Perspektive heißt: Mit der Gemeinde predigen und Gottesdienst feiern lernen, damit das Volk Gottes auch praktisch befähigt wird, Träger und Subjekt der Liturgie zu sein."[129] Dem wollen auch die sogenannten „Nachteulen-Gottesdienste"[130] gerecht werden. Die Macher ver-

---

127 Herbst, Michael, a.a.O., 85. Vgl. auch Grethlein, Christian, a.a.O., 65: „Sie [die „Ungläubigen" und „Unkundigen"] werden geradezu zum Prüfstein für die Angemessenheit liturgischer Vollzüge (1 Kor 14,23-26). Implizit geht aus diesem Argument die Offenheit urchristlicher Gottesdienste auch für Außenstehende hervor."
128 Ebd., 86.
129 Cornehl, Peter, Art. Gottesdienst, VIII. Evangelische Kirche, a.a.O., 80.
130 An der Ev. Fachhochschule Reutlingen-Ludwigsburg wurde im Frühjahr 2001 eine Diplomarbeit über die Nachteulen-Gottesdienste geschrieben, die u.a. die Zusammensetzung und den weltanschaulichen Hintergrund der Zuhörerschaft untersucht.

sprechen den Mitfeiernden Antworten auf Lebensfragen in dem Bewusstsein, dass „die Beziehungen der Menschen zu den christlichen Kirchen abnehmen, das Interesse an religiösen Fragen aber zunimmt"[131]. Sie gelangen zu der Feststellung: „Die großen Sinnfragen und der religiöse Hunger bleiben und melden sich in neuer Gestalt."[132] Das Konzept der „Nachteulen-Gottesdienste" will sowohl Menschen innerhalb der Kirchen als auch solche außerhalb der Kirchen ansprechen, denn *„innerhalb* der Kirchen haben viele Menschen begonnen, neu und unkonventionell nach den Wurzeln, der Glaubwürdigkeit und der Alltagsbedeutung des christlichen Glaubens zu fragen. *Außerhalb* der Kirchen sind viele Menschen auf einer religiösen Erkundungsreise. Sie suchen nach Erfahrungen, die sie ernähren und inspirieren."[133] Die „Nachteulen-Gottesdienste" setzen sich aus drei Elementen zusammen: einer körperbezogenen, meditativen Liturgie (ohne Talar), einer reichhaltigen popularmusikalischen Gestaltung (ohne Orgel und Gesangbuch) und Vorträgen zu Grundfragen der Religion, des Glaubens und des Lebens.[134] Sie bieten eine Alternative zu den regulären Sonntagvormittagsgottesdiensten mit ihrer „mehr oder weniger anspruchsvollen Predigt, die einen wachen Geist fordert [und] deshalb nicht mehr dem Lebensrhythmus vieler Zeitgenossen und -genossinnen [entspricht]"[135].

Wichtig ist: „Gedanklicher Tiefgang und geistige Arbeit müssen Voraussetzungen auch für den `anderen´ Gottesdienst bleiben und können nicht aufgewogen werden durch noch so einfallsreiche, interessante Gestaltungselemente."[136] „Gottesdienstliche Sitte und die Regeln der Beteiligung am kirchlichen Leben verändern sich nur langsam. Die meisten aktuellen Schwierigkeiten haben eine lange Vorgeschichte. [...] Es gibt keine raschen Patentlösungen."[137] Das zu beherzigen, sollte jedem für einen Gottesdienst Verantwortlichen aufgegeben sein.

3. Welche Rolle spielt die Ökumene?

Das Ziel der einen Kirche erfordert u.a. das ökumenische Gespräch über das eigene Verständnis des Gottesdienstes. Das Ziel beider Konfessionen muss es sein, den Gottesdienst als gemeinsame Feier der ganzen Gemeinde wiederzuentdecken bzw. zu erhalten. Ökumenische Gottesdienste sind ein hoffnungsvol-

---

131 Zimmer, Siegfried und Georg Schützler, Nachteulen-Gottesdienste. Spirituelle Angebote für Kirchenferne, Stuttgart 2001, 7.
132 Ebd.
133 Ebd., 8.
134 Vgl. ebd., 9.
135 Schützler, Georg und Siegfried Zimmer, Wohin gehen „Nachteulen"? Argumente, Geschichten und Phantasien für Gottsucher und solche, die es werden könnten, Stuttgart 1998, 10.
136 Gottwals, Christel, Ein „anderer" Gottesdienst ..., in: Schardt, Günther, a.a.O., 10.
137 Cornehl, Peter, Art. Gottesdienst, VIII. Evangelische Kirche, a.a.O., 83.

les Zeichen für die verstärkte Zusammenarbeit auf gottesdienstlichem Terrain. Das „Gotteslob" und das Neue Evangelische Gesangbuch sind darüber hinaus ein Zeichen für ein gemeinsames Gottesdienstverständnis, das geprägt ist vom Glauben an den einen Gott. Die gemachten Erfahrungen lassen hoffen, dass auch auf dem Gebiet der Feier des Glaubens Fortschritte in ökumenischem Geist möglich sind.

VII. Fazit

Dankbar bin ich für die Ausführungen von Michael Herbst, Professor für Praktische Theologie und Gemeindeaufbau an der Universität Greifswald: „Die gottesdienstliche Versammlung spielt eine zentrale Rolle in der Erbauung der Gemeinde. Hier kommen die Christen zusammen, um auf das Wort Christi zu hören, sich gegenseitig zu ermutigen, um Gott zu loben und um zu beten, um am Tisch des Herrn versammelt zu werden und um ausgesandt zu werden. Jeder trägt etwas bei (vgl. 1 Kor 14,26). Hier wird die Gemeinde sichtbar. Ein Gemeinde- oder Christenleben ohne den Gottesdienst wäre undenkbar."[138]

Der Gottesdienst der Gegenwart wird mehr und mehr danach fragen müssen, wie es gelingen kann, die alltägliche Wirklichkeit des Menschen, seine sozialen Beziehungen, die er pflegt, und das, was ihn umtreibt, mit dem Christusgeschehen zu verbinden, d.h. „Christuswirklichkeit und Weltwirklichkeit ineinander zu halten" (Ernst Lange). „Gottesdienst in seiner Entwicklung steht offenbar in dem ständigen Prozeß, einerseits die ihn ausmachenden, prägenden Elemente zu bewahren, diese andererseits aber auch immer wieder so zu verändern, daß sie verstehbar bleiben und von möglichst vielen (am liebsten allen) GottesdienstteilnehmerInnen als mit ihrer Lebenswelt in direkter Berührung stehend erlebt werden."[139] Rituale spielen in diesem Geschehen eine große Rolle, denn in ihnen vollzieht sich Kommunikation.[140] Darüber hinaus „verbürgen [sie] Ordnung und Sinn, vermitteln Tradition, Integration und Vergewisserung" (TRE 21, 396). Dergestalt „zielt der Gottesdienst auf Orientierung, Ausdruck, Vergewisserung und Erneuerung des Glaubens" (Peter Cornehl).

Es bleibt zu hoffen, dass der Gottesdienst auch in Zukunft noch eine Chance hat und in einer vielfach sinnentleerten Welt einen Ort bietet, um einen Blick für das Wesentliche und die nötige Orientierung zu gewinnen.[141] Eines ist sicher: „Anstrengungen sind nötig, wenn die evangelische Kirche ernsthaft will, daß der Gottesdienst die Mitte der Gemeinde bleiben oder neu werden soll."[142]

Vieles wäre an dieser Stelle noch zu sagen. Doch eine Darstellung wie diese kann und darf keinen Anspruch auf Vollständigkeit erheben. Stattdessen verweise ich auf die im Literaturverzeichnis angegebenen Titel.

---

138   Herbst, Michael, a.a.O.
139   Gottwals, Christel, a.a.O., 7.
140   Das heutige Mißtrauen gegenüber Ritualen ist ein Erbe der protestantischen Tradition. Vgl. hierzu Steffensky, Fulbert, a.a.O., 95: „Das Wesentliche spielt sich im Inneren des Menschen ab. Die Äußerung in Form, Methode, in Ritual und in gebauten Lebenswelten sind unerheblich und stehen unter Korruptionsverdacht."
141   Vgl. Kohler, Oliver und Manfred Siebald (Hg.), a.a.O., 10, die auf die Hoffnungslosigkeit unserer Zeit verweisen und demgegenüber auf die christliche Hoffnung rekurrieren, die im Gottesdienst Gestalt gewinnt.
142   Cornehl, Peter, Art. Gottesdienst, VIII. Evangelische Kirche, a.a.O., 84.

VIII. Literaturverzeichnis (Auswahl)

Achte Kirchensynode der Evangelischen Kirche in Hessen und Nassau (Hg.), Evangelisches Gesangbuch, Ausgabe für die Evangelische Kirche in Hessen und Nassau, Frankfurt am Main 1994.

Adam, Adolf und Rupert Berger, Pastoral-Liturgisches Handlexikon, Freiburg – Basel – Wien 1980.

Albrecht, Christoph, Einführung in die Liturgik, Göttingen ^{5}1995.

Bieritz, Karl-Heinrich, Das Kirchenjahr. Feste, Gedenk- und Feiertage in Geschichte und Gegenwart, München ^{6}2001.

Bradshaw, Paul Frederick, Art. Gottesdienst, IV. Alte Kirche, in: Müller, Gerhard (Hg.), Theologische Realenzyklopädie, Band XIV, Berlin – New York 1985, 39-42.

Cornehl, Peter, Art. Gottesdienst, VIII. Evangelische Kirche, in: Müller, Gerhard (Hg.), Theologische Realenzyklopädie, Band XIV, Berlin – New York 1985, 54-85.

Cornehl, Peter, Herausforderung Gottesdienst, in: Gemeinsame Arbeitsstelle für gottesdienstliche Fragen der Evangelischen Kirche in Deutschland (Hg.), Band 31/98, Hannover 1998, 5-19.

Diebner, Bernd-Jörg, Art. Gottesdienst, II. Altes Testament, in: Müller, Gerhard (Hg.), Theologische Realenzyklopädie, Band XIV, Berlin – New York 1985, 5-28.

Fischer, Ulrich, Der Gottesdienst soll fröhlich sein. Gemeinde gestaltet Gottesdienst. Praxismodelle und Materialien, Stuttgart 1992.

Fischer, Ulrich und Reiner Marquard und Helmuth Mühlmeier (Hg.), Gelegenheit macht Gottesdienst. Liturgische Hilfen für lebensgeschichtliche Anlässe, Band 1, Stuttgart 1996.

Fischer, Ulrich und Reiner Marquard und Helmuth Mühlmeier (Hg.), Gelegenheit macht Gottesdienst. Liturgische Hilfen für lebensgeschichtliche Anlässe, Band 2, Stuttgart 1998.

Gal-Ed, Efrat, Das Buch der jüdischen Jahresfeste, Frankfurt am Main – Leipzig 2001.

Grethlein, Christian, Grundfragen der Liturgik. Ein Studienbuch zur zeitgemäßen Gottesdienstgestaltung, Gütersloh 2001.

Grethlein, Christian und Günter Ruddat (Hg.), Liturgisches Kompendium, Göttingen 2003.

Hahn, Ferdinand, Art. Gottesdienst, III. Neues Testament, in: Müller, Gerhard (Hg.), Theologische Realenzyklopädie, Band XIV, Berlin – New York 1985, 28-39.

Heimbrock, Hans-Günter und Matthias von Kriegstein (Hg.), Predigen lernen, Gottesdienst feiern lernen. Neue Wege in der theologischen Ausbildung, Frankfurt am Main 2000.

Herbst, Michael, Missionarischer Gemeindeaufbau in der Volkskirche, Stuttgart ^{4}1996 (Arbeiten zur Theologie 76).

Herlyn, Okko, Theologie der Gottesdienstgestaltung, Neukirchen-Vluyn ^{2}1992.

Josuttis, Manfred, Der Weg in das Leben. Eine Einführung in den Gottesdienst auf verhaltenswissenschaftlicher Grundlage, Gütersloh ^{2}1993.

Kabel, Thomas, Handbuch Liturgische Präsenz. Zur praktischen Inszenierung des Gottesdienstes, Band 1, Gütersloh 2002.

Kirchenleitung der Vereinigten Evangelisch-Lutherischen Kirche Deutschlands (Hg.), Evangelisches Gottesdienstbuch. Agende für die Evangelische Kirche der Union und für die Evangelisch-Lutherische Kirche Deutschlands, Berlin ^{2}2001.

Kirste, Reinhard und Herbert Schultze und Udo Tworuschka, Die Feste der Religionen. Ein interreligiöser Kalender mit einer synoptischen Übersicht, Gütersloh ²1997.

Kohler, Oliver und Manfred Siebald (Hg.), Gottesdienst feiern. Ein Werkbuch aus der Gemeindepraxis, Gießen 1995.

Lanczkowski, Günter, Art. Gottesdienst, I. Religionsgeschichtlich, in: Müller, Gerhard (Hg.), Theologische Realenzyklopädie, Band XIV, Berlin – New York 1985, 1-5.

Lang, Bernhard, Heiliges Spiel. Eine Geschichte des christlichen Gottesdienstes, München 1998.

Mette, Jürgen (Hg.), Impulsbuch Offener Gottesdienst. Material für Gottesdienste mit Kirchendistanzierten, Wuppertal 1998.

Meyer-Blanck, Michael und Birgit Weyel, Arbeitsbuch Praktische Theologie. Ein Begleitbuch zu Studium und Examen in 25 Einheiten, Gütersloh 1999.

Möller, Christian, Gottesdienst als Gemeindeaufbau. Ein Werkstattbericht, Göttingen ²1990.

Rössler, Dietrich, Grundriß der Praktischen Theologie, Berlin – New York 1986.

Schardt, Günther und Christel Gottwals und Stephan Krebs, Überraschende Gottesdienste erleben, Nidderau 1999.

Schmidt-Lauber, Hans-Christoph, Die Zukunft des Gottesdienstes. Von der Notwendigkeit lebendiger Liturgie, Stuttgart 1990.

Schmidt-Lauber, Hans-Christoph und Manfred Seitz (Hg.), Der Gottesdienst. Grundlagen und Predigthilfen zu den liturgischen Stücken, Stuttgart 1992.

Schmidt-Lauber, Hans-Christoph und Michael Meyer-Blanck und Karl-Heinrich Bieritz, Handbuch der Liturgik, Göttingen ³2003.

Schützeichel, Harald, Die Feier des Gottesdienstes. Eine Einführung, Düsseldorf ²1998.

Schulz, Otmar, Der Gottesdienst: Auszug aus dem Museum, in: Girock, Hans-Joachim, Kirche soll sich ändern – aber wie? Gegen den Abwärtstrend im Protestantismus, Stuttgart 1987, 58-70.

Steffensky, Fulbert, Das Haus, das die Träume verwaltet, Würzburg 1998.

Vinçon, Herbert, Die Feste des Christentums. Woher sie kommen – wie sie gefeiert werden, Gütersloh ²1998.

Wainwright, Geoffrey, Art. Gottesdienst, IX. Systematisch-theologisch, in: Müller, Gerhard (Hg.), Theologische Realenzyklopädie, Band XIV, Berlin – New York 1985, 85-93.

Wintzer, Friedrich und Manfred Josuttis und Dietrich Rössler und Wolfgang Steck, Praktische Theologie, Neukirchener Arbeitsbücher, Neukirchen-Vluyn ⁵1997.

Wöllenstein, Helmut, Werkbuch Liturgische Präsenz nach Thomas Kabel, Gütersloh 2002.

Zimmer, Siegfried und Georg Schützler, Nachteulen-Gottesdienste. Spirituelle Angebote für Kirchenferne, Stuttgart 2001.

Zimmer, Siegfried und Georg Schützler, Wohin gehen „Nachteulen"? Argumente, Geschichten und Phantasien für Gottsucher und solche, die es werden könnten, Stuttgart 1998.

www.ingramcontent.com/pod-product-compliance
Lightning Source LLC
Chambersburg PA
CBHW020131010526
44115CB00008B/1063